Christina Zacker • Sonja Mutter

Die Männer-Diät

Alles, was schlank macht und schmeckt

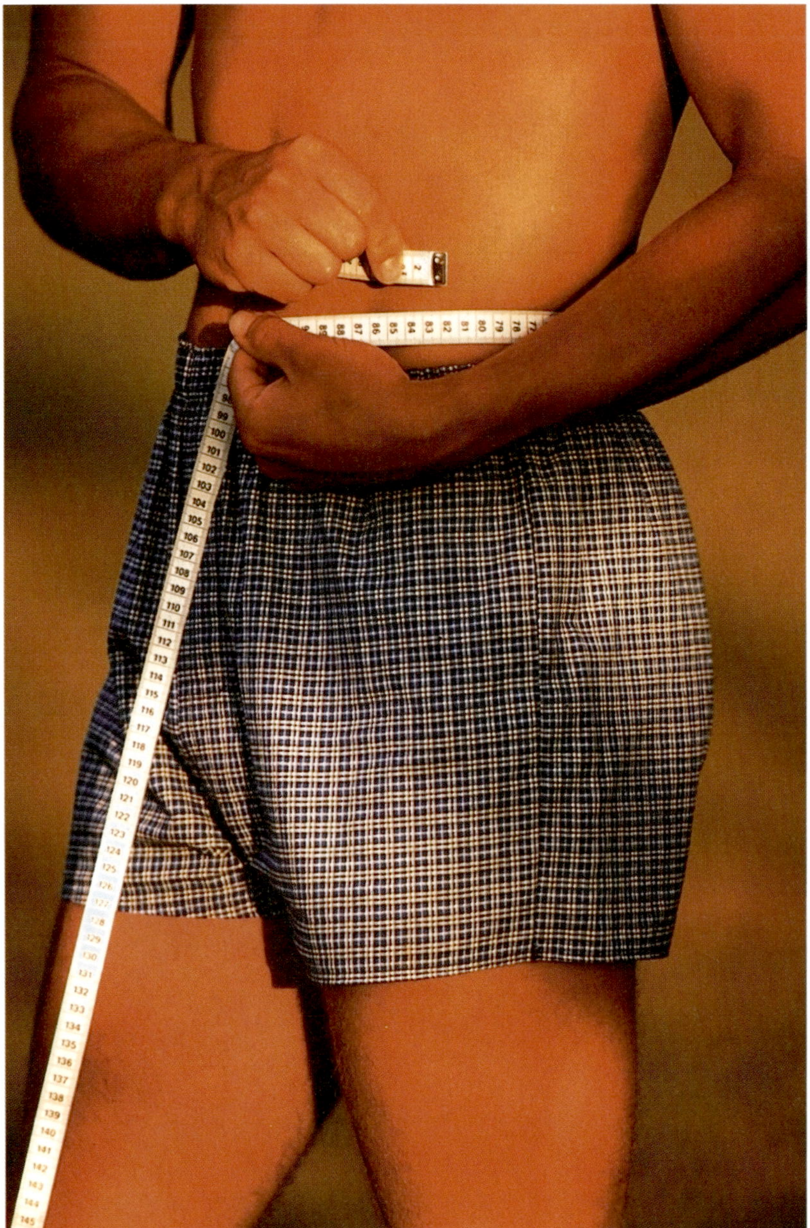

Christina Zacker • Sonja Mutter

Die Männer-Diät

Alles, was schlank macht und schmeckt

midena

Inhalt

Zur Einstimmung

Meine Herren – es ist so weit: Das erste Abnehmbuch nur für Männer liegt vor Ihnen! Nun gibt es keine Ausreden mehr, sich gehen zu lassen und nichts für eine bessere Figur zu tun.

Frauen wissen schon lange um die Formel, die erfolgreich macht: schlank + fit = erfolgreich. Auch Männer haben längst eingesehen: Es kommt in unserer Gesellschaft immer mehr auf das Äußere an – nicht nur im Privatleben, sondern auch im Beruf. Zu einer positiven Erscheinung zählt heute eine »gute Figur«, also schlank und fit zu sein. Laut Statistik ist jeder zweite Bundesbürger zu dick – und mit »dick« ist hier gesundheitsschädliches Übergewicht gemeint! Wenn Sie zu diesen 50 Prozent der Bevölkerung gehören, sollten Sie endlich etwas für Ihre Figur und damit für Ihre Gesundheit tun.

In diesem Buch erfahren Sie:

- Wie Sie schnell und dauerhaft auf gesunde Weise abnehmen.
- Wie Sie Ihr Gewicht halten.
- Wie Sie sich fit machen.

Bevor Sie alles Wissenswerte über Ernährung und Abnehmen erfahren, wollen wir Sie mit ein paar Grundinformationen einstimmen.

Neben wertvollen Tipps rund um eine gesundheits- und figurbewusste Ernährung finden Sie in einem großen Rezeptteil jede Menge leckere Anregungen, die den Einstieg in die Diät erleichtern. Alle Rezepte sind einfach nachzukochen. Und für all diejenigen, die viel in der Kantine oder unterwegs essen müssen, gibt es ebenfalls guten Rat. Da zu jeder erfolgreichen Diät sportliche Betätigung gehört, haben wir für Sie einige einfache, aber effektive Übungen zusammengestellt, mit denen Sie Ihre »Problemzonen« gezielt bekämpfen können.

Alles, was Sie zum Abnehmen brauchen, finden Sie in diesem Buch. Sie selbst müssen jetzt nur noch den Willen und ein wenig Durchhaltevermögen beisteuern. Fangen Sie langsam, mit kleinen Schritten an, und lernen Sie, auf Ihren Körper zu hören. Er weiß am besten, was ihm gut tut. Lassen Sie uns gleich mit ein paar praktischen Tipps beginnen.

Was Sie essen dürfen, was Sie meiden sollten

In der folgenden Tabelle sind die wichtigsten Lebensmittel zusammengefasst, die Sie künftig bevorzugen sollten – sowie jene, die Sie meiden sollten:

Beim Abnehmen helfen	Beim Abnehmen stören
Obst	Zuckerhaltige Getränke
Gemüse, auch Hülsenfrüchte	Alkohol
Salat	Produkte aus weißem Mehl
Nüsse	Kuchen und Gebäck
Vollkornprodukte	Zucker und alle Süßigkeiten
Sojaprodukte	Fettes Fleisch
Naturreis	Fette Wurst
Eier	Fette und mehlige Soßen
Magere Milch und Milchprodukte	Fette Speisen wie Pommes
Mageres Fleisch und Geflügel	»Versteckte« Fette in Käse
Fisch und Schalentiere	Zu stark gesalzene Speisen
Viel Flüssigkeit	Zu wenig Flüssigkeit

Zehn Tipps zum erfolgreichen Abnehmen

Langsam essen! Ihr Magen meldet erst nach 15 bis 20 Minuten ans zuständige Zentrum im Gehirn, dass er satt ist. Wenn Sie zu schnell essen, haben Sie in diesem Zeitraum schon eine ganze Mahlzeit verzehrt, ohne überhaupt zu merken, dass Sie schon lange keinen Hunger mehr verspüren.

Gut kauen! Dadurch entfalten sich die Geschmacksstoffe in der Nahrung besser, und Sie werden zudem schneller satt. Darüber hinaus hat Ihr Magen weniger zu tun, denn die Verdauung beginnt schon beim Kauen. Angenehmer Nebeneffekt: Sie lernen, Nahrungsmittel wieder richtig zu genießen.

Zeit nehmen! Selbst wenn Sie einen hektischen und stressigen Job haben, sollten Sie sich nicht zur Hetze beim Essen verleiten lassen. Wenn Sie Ihre Mahlzeiten bewusst auskosten, essen Sie automatisch weniger, als wenn Sie alles in Eile hinunterschlingen.

Hunger oder Appetit? Was Sie bei der Arbeit oder abends beim Fernsehen gedankenlos und nebenher essen, setzen Sie bestimmt Fettpolster an. Überlegen Sie, ob Sie wirklich Hunger oder nur Appetit haben. Wenn Sie Hunger haben, setzen Sie sich hin und essen Sie bewusst etwas, um den Hunger zu stillen. Haben Sie jedoch lediglich Appetit, sollte eine gesunde Kleinigkeit genügen, um diesen zu stillen: eine Möhre, ein Stückchen Gurke, ein Apfel, eine Banane. Ebenfalls nicht förderlich für Ihre Figur ist das Bierchen nebenher, zumindest dann nicht, wenn Sie regelmäßig über die Stränge schlagen. Hin und wieder jedoch und ganz bewusst dürfen Sie sich diesen Genuss auch ohne schlechtes Gewissen gönnen.

Kindheitserinnerungen vergessen! Sie sind erwachsen und entscheiden selbst: Essen Sie weiter, weil Sie noch Hunger haben – oder weil man Ihnen beigebracht hat, man müsse den Teller immer leer essen? Wer nach unseren Rezepten kocht, kann zudem sicher sein: Reste, die übrig bleiben, kann man gut weiterverwenden. Aber bitte erst zur nächsten Mahlzeit, vielleicht sogar am folgenden Tag.

Nicht überreden lassen! Zumindest in den ersten Wochen Ihres Abnehmens sollten Sie allen »Ausnahmegelegenheiten« widerstehen. Die Kollegen können auch ohne Sie noch auf ein Bier in die Kneipe gehen, und Ihre Sportkameraden können ein gutes Spiel auch ohne Sie feiern. Wenn Sie dennoch mitfeiern möchten: Stoßen Sie mit Mineralwasser oder Saftschorle an! Auch damit kann man sich entspannen. Müssen Sie geschäftlich essen gehen, bestellen Sie am besten leichte Speisen, die Ihnen das Abnehmen erleichtern.

Regelmäßig wiegen! Aber bitte stellen Sie sich nicht täglich, sondern einmal pro Woche auf die Waage: am besten immer auf dieselbe, zur selben Zeit (optimal ist morgens!) und immer ohne Kleidung.

Gezielt einkaufen! Gehen Sie nicht ohne Einkaufszettel in den Supermarkt und schon gar nicht, wenn Ihr Magen vor Hunger knurrt. Am besten machen Sie sich einen Wochenplan. Daran sollten Sie sich weitgehend halten – was aber nicht heißt, dass Sie von nun an Sonderangebote nicht mehr ausnutzen dürfen.

Einmal abnehmen – dann aber richtig! Machen Sie nur ein einziges Mal Diät – diese aber richtig! Das heißt nicht, dass Sie in kurzer Zeit gleich 10, 20 oder gar 30 Kilos verlieren sollen. Nehmen Sie lieber langsam, gesund und dafür dauerhaft ab. Damit vermeiden Sie den Jojo-Effekt, bei dem Sie nach jeder Diät wieder mehr als vorher zunehmen.

Über längere Zeit angesetzte Pfunde brauchen Zeit, um wieder abgebaut zu werden.

Stur bleiben! Es geht um Ihren Körper, um Ihr Leben, um Ihre Gesundheit – um Ihre Lebensfreude in den nächsten Jahrzehnten. Lassen Sie sich nicht von »guten« Freunden und Bekannten erzählen, als Dickerchen seien Sie ihnen lieber. Sie wissen es besser: Schlank und fit macht richtig gute Laune – und das Ihr ganzes Leben lang!

Langsam, aber sicher ans Ziel

- Sie sind noch jung und zudem ganz gesund? Dann dürfen Sie durchaus ein Kilo Gewichtsverlust pro Woche anstreben.
- Sie sind ein Mann »in den besten Jahren«? Dann halten Sie sich an die Faustregel: zwei Kilo pro Monat, also pro Woche ein Pfund.
- Sie fühlen sich auch als Mann »in den besten Jahren« noch topfit, weil Sie viel Sport treiben? Dann spricht nichts dagegen, dass Sie auf ein Kilo pro Woche hinarbeiten.
- Sie sind dagegen älter und gesundheitlich nicht stabil? Dann reichen ein bis zwei Pfund Gewichtsverlust pro Monat aus.

Sollten Sie über Feiertage, bei einem »Fresswochenende« oder im Urlaub mal ein, zwei Kilos zugelegt haben, können Sie diese Faustregeln allerdings vernachlässigen. Schnelle Pfunde kann man auch schnell wieder abspecken: z. B. mit einem Obsttag in der Woche oder einer zwei- bis dreitägigen Traubenkur. Uns bleibt noch, Ihnen für den Weg zu einem »leichteren« und gesünderen Leben viel Spaß und vor allem Erfolg zu wünschen!

Christina Zacker
Sonja Mutter
Baden-Baden/Mering, im Dezember 2000

Körpergewicht und eine gute Figur

Lassen Sie sich nicht verunsichern: Die Kilos, die Ihre Waage anzeigt, sind nicht das Maß aller Dinge! Denn es gibt Menschen – und das sind gar nicht einmal so wenige – die zwar rein messtechnisch ihr Idealgewicht haben, aber dennoch zu viel Fett in ihrem Körper mit sich herumschleppen. Wirklich entscheidend für eine gute und gesunde Figur ist das Verhältnis von Muskeln und Körperfett.

Trotz Idealgewicht keine Idealfigur

Sicher kennen Sie dieses Gefühl: Sie haben nach einer strengen Diät endlich Ihr Wunschgewicht erreicht. Stolz stellen Sie sich vor den Spiegel, um die Idealfigur zu bewundern, die Sie nach langen Wochen der Gewichtsabnahme ja eigentlich erreicht haben müssten. Aber nichts da! Von Ihrer Traumfigur sind Sie weit entfernt.

Enttäuscht stellen Sie fest:

- Um den Bauch herum wirken Sie immer noch leicht schwammig.
- Ihre Oberarmmuskeln sind so gut wie nicht vorhanden.
- Ihre Beine erinnern an Storchenbeine und sind nicht gerade wohlproportioniert.
- Ganz allgemein wirkt alles an Ihrem Körper eher schlaff und müde statt straff und gesund.

Selbst Männer, die nicht auf ihr Gewicht achten müssen, weil sie sowieso als schlank gelten, kennen diese depressiven Anwandlungen beim Blick in den Spiegel. Es kommt nämlich nicht alleine aufs Gewicht an, sondern auf die Menge und Verteilung des Körperfetts. Darum ist es wichtig, eine Diät mit sportlicher Betätigung zu unterstützen: Wenn Sie nur weniger essen, bauen Sie damit hauptsächlich Muskeln ab. Sport greift dagegen die Fettreserven an, weil Sie dann mehr Energie verbrauchen – und nicht nur weniger Energie in Form von Essen zuführen.

Regelmäßiger Sport ist wichtig, wenn Sie Ihre Idealfigur anstreben.

Entscheidend ist der Anteil des Körperfetts

Wie alt Sie sind, in welcher körperlichen Verfassung Sie sich befinden und wie Sie leben – all das ist entscheidend für den Fettanteil in Ihrem Körper. Wenn Sie ein junger, aktiver Mann sind, oft Sport treiben und auch noch einen Beruf ausüben, in dem Sie körperlich gefordert werden, können Sie sicherlich mehr Anteile an Muskelgewebe als an Fett für sich verbuchen. Sind Sie dagegen schon etwas älter, haben einen Bürojob und gehen nur sporadisch mal joggen, ist der Körperfettanteil vermutlich entsprechend hoch.

Gemeinerweise ist Fett leichter als Muskeln. Idealgewicht bedeutet darum nicht unbedingt auch Idealfigur.

Das Körpergewicht ist nicht ausschlaggebend für eine gute Figur, sondern der Anteil an Körperfett. Man kennt mehrere Verfahren, um den Anteil des Körperfetts zu messen:

Die »Waist-Hip-Relation«

Die Taille-Hüfte-Beziehung (= WHR) sagt nur indirekt etwas über ein Zuviel an Körperfett aus. Um den WHR-Wert zu ermitteln, brauchen Sie ein Maßband. Damit messen Sie den Umfang von Hüfte und Taille. Dividieren Sie nun den Taillenwert durch den Hüftwert, ergibt das den WHR, der bei Männern unter 1 liegen sollte. Wenn Sie z. B. einen Taillenumfang von 85 Zentimetern und einen Hüftumfang von 95 Zentimetern haben, ergibt sich ein WHR von etwa 0,89. Sie liegen damit absolut im Normbereich.

Der einfache Kneiftest

Dieser Test hilft Ihnen zunächst einmal, grobe Richtwerte über den Fettanteil in Ihrem Körper zu bekommen. Heben Sie dazu jeweils die Hautfalte am Bauch und am Oberarm mit Daumen und Zeigefinger ab und messen Sie die Dicke. Haben Sie am Bauch zwei bis drei Zentimeter gemessen und am Oberarm einen Zentimeter, so ist Ihr Körperfettanteil im Normbereich.

Hautfalten-Messmethode

Für diese Methode gibt es ein spezielles Gerät: Der so genannte Caliper ähnelt einer Kneifzange. Wie beim Kneiftest per Hand werden Hautfalten an verschiedenen Stellen des Körpers (Bauch, Oberarm und Oberschenkel) zusammengekniffen und dann gemessen. Sie erzielen damit wesentlich genauere Werte als beim Kneiftest mit Daumen und Zeigefinger, dennoch ist die Methode nur dann exakt, wenn Sie die Messungen regelmäßig, immer an derselben Stelle und mit demselben Gerät durchführen.

Wenn Sie sich eine Körperfettwaage angeschafft haben, sollten Sie nicht täglich Ihr Körperfett prüfen! Messen Sie ein- oder zweimal im Monat, immer zur gleichen Zeit.

Die Bioelektrische Impedanzanalyse (BIA)

Die BIA erfasst die Masse Ihres Körpers, indem sie den elektrischen Widerstand der Magermasse misst. Bei der BIA leitet der Arzt schwachen Wechselstrom durch den Körper, und zwar mit hoher Frequenz. Keine Angst – Sie spüren dabei so gut wie nichts. Die Messung muss allerdings sehr sorgfältig durchgeführt werden, Patienten mit Herzschrittmachern dürfen damit überhaupt nicht »ausgemessen« werden.

Körperfettwaagen

Sie stellen sich barfuß auf eine Waage, die aussieht wie eine normale Personenwaage, allerdings mit Metalloberfläche. Sie geben Ihre Größe ein, die Waage bestimmt Ihr Körpergewicht, und über die Metallflächen wird schwacher Wechselstrom durch den Körper geschickt, der über den elektrischen Widerstand der Magermasse den prozentualen Fettanteil errechnet. Für Patienten mit Herzschrittmachern sind diese Waagen ebenfalls nicht geeignet.

Bei der WHR wird der Taillenwert durch den Hüftwert dividiert.

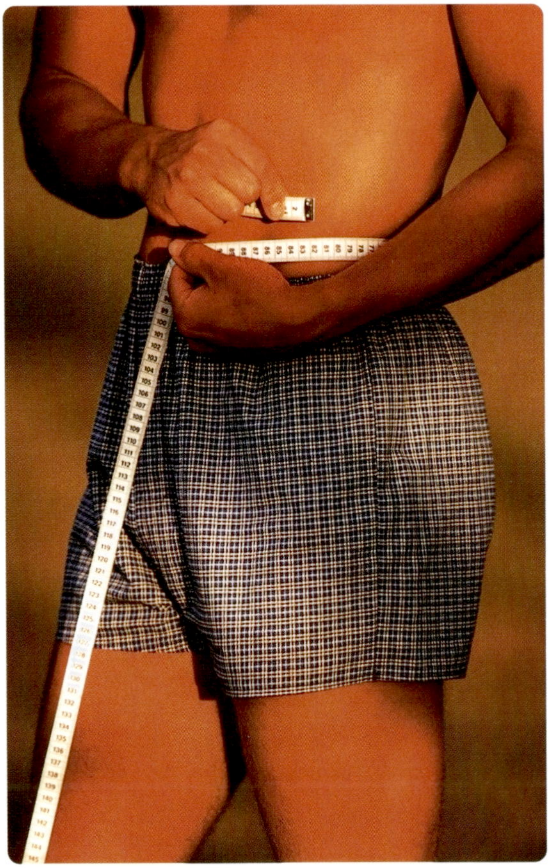

Die Infrarot-Reflektionsmessung (IR)

Ein Lichtstab wird über einen vorher genau bestimmten Körperteil geführt. Der Stab ist mit einem Computer verbunden, der die Stärke der reflektierten Strahlung misst. So können Sie auf die Fettmasse an genau diesem Körperteil schließen. Wenn Sie starkes Übergewicht haben, kann es bei der IR-Methode zu ungenauen Resultaten kommen.

Wissenschaftliche Methoden

Zur Körperfettmessung gibt es natürlich noch weitere, wissenschaftliche Methoden, diese sind jedoch nicht für den Hausgebrauch geeignet. So kann man z. B. das Bauchfett mittels einer Computertomographie messen. Auch das so genannte DEXA-Verfahren ist relativ kompliziert. Man nutzt dabei die physikalische Eigenschaft von Fett, leichter als Wasser zu sein. Aus dem Unterschied von normal gewogenem Körpergewicht und jenem, das der Betreffende unter Wasser auf die Waage bringt, kann man den Anteil des Körperfetts ermitteln.

Richtwerte für Körperfett

Wenn Sie schlank und fit werden wollen, sollten Sie nicht nur auf die purzelnden Kilos schauen: Überprüfen Sie hin und wieder auch, wie Sie abnehmen. Wenn Sie Fett in Muskelmasse verwandeln, wird sich Ihr absolutes Gewicht vielleicht nicht dramatisch verändern, aber Sie werden sehen, dass Ihr Körper straffer wird und Sie sich fitter und dynamischer fühlen. In der folgenden Tabelle finden Sie die Richtwerte für den Körperfettanteil bei Männern.

Frauen haben einen deutlich höheren Körperfettanteil als Männer. Für sie gelten andere Werte.

Körperfettanteil bei Männern

Alter	Sehr gut	Gut	Mittel	Schlecht
20–24	11 %	15 %	19 %	23 %
25–29	12 %	16 %	20 %	24 %
30–34	14 %	18 %	22 %	25 %
35–39	16 %	19 %	22 %	26 %
40–44	18 %	21 %	24 %	27 %
45–49	19 %	22 %	25 %	28 %
50–59	20 %	23 %	26 %	29 %
über 60	21 %	23,5 %	26,5 %	29,5 %

Das Idealgewicht

Es gibt unterschiedliche Möglichkeiten, das Normal- und Idealgewicht eines Menschen zu berechnen. Die Formeln werden immer komplexer, weil die Wissenschaftler inzwischen erkannt haben, dass mehrere Aspekte eine Rolle spielen und nicht allein Größe, Geschlecht und Alter ausschlaggebend sind. Trotzdem sind diese Werte immer noch die Grundlage jeder Berechnung.

Größe, Geschlecht und Alter sind die wichtigsten Werte für die Berechnung Ihres Idealgewichts. Allerdings erhalten Sie damit nur einen Richtwert.

Ein grober Richtwert: die Broca-Formel

Sicher kennen Sie diese alte Berechnung für das Normal- und Idealgewicht, die auch heute noch nicht völlig zu verwerfen ist. Die Broca-Formel war und ist eine ganz einfache Rechnung, um das Normalgewicht festzustellen. Sie lautet:

- Körpergröße (in Zentimetern) minus 100 = Normalgewicht in Kilogramm.

Für das Idealgewicht zog man bei Männern nochmals zehn Prozent ab (bei Frauen 15 Prozent). Wenn Sie also 1,75 Meter groß sind, dürften Sie nach der

Broca-Formel 75 Kilo wiegen (Normalgewicht); Ihr Idealgewicht läge bei 67,5 Kilogramm.

Heute ist die Broca-Formel nur noch als Richtwert zu gebrauchen, denn Wissenschaftler haben festgestellt, dass sie zu eng gefasst ist: Gesundheitsrisiken treten nämlich erst dann auf, wenn das Gewicht ein ganzes Stück über dem Normalgewicht liegt. Bis zu 25 Prozent über dem »Normalgewicht« gelten noch als gesund – in unserem Beispiel wären das bis zu 93 Kilogramm. Zudem werden kleine Menschen mit der Broca-Formel oft fälschlich als übergewichtig eingestuft, große liegen dagegen nur selten im richtigen und damit Normbereich.

Genau und informativ: der Body-Mass-Index (BMI)

Heute berechnet man das Idealgewicht nach einer anderen Methode, die auf den ersten Blick etwas kompliziert scheint: Beim Body-Mass-Index (BMI) wird ausgehend von Körpergröße und Gewicht nach einer bestimmten Formel eine Zahl errechnet. Anhand dieser Zahl können Sie feststellen, ob sich Ihr Gewicht in einem kritischen Bereich befindet. Die Berechnung ist differenzierter als die Broca-Formal und darum wesentlich informativer. Die BMI-Formel sieht so aus:

- $\frac{\text{Körpergewicht in Kilo}}{\text{Körpergröße in m}^2} = \text{BMI}$

Schneller können Sie Ihren Body-Mass-Index anhand der Tabelle auf Seite 16 ermitteln.

Sie multiplizieren also Ihre Körpergröße mit sich selbst und teilen Ihr Gewicht in Kilogramm dann durch dieses Ergebnis. Beispiel: Sie sind 1,78 Meter groß und wiegen 85 Kilogramm. Sie rechnen zuerst 1,78 x 1,78 = 3,1684. Nun teilen Sie 85 : 3,1684 = 26,83. Dies ist Ihr Body-Mass-Index.

Altersspezifischer Body-Mass-Index

Altersgruppe	BMI/Normalgewicht
19–24 Jahre	19–24
25–34 Jahre	20–24
35–44 Jahre	21–26
45–55 Jahre	22–27
55–64 Jahre	23–28
über 65 Jahre	24–29

Der Body-Mass-Index richtet sich nicht nach ästhetischen Gesichtspunkten, sondern sagt Ihnen vor allem, ob Ihr Gewicht gesundheitsschädlich ist. Wenn Ihr BMI Ihnen Übergewicht bescheinigt, sollten Sie etwas dagegen tun, auch wenn Sie behaupten, sich mit Ihren überflüssigen Pfunden wohl zu fühlen. Allerdings ist es auch ganz normal, im Laufe der Jahre ein paar Kilos zuzunehmen. Der erwünschte Body-Mass-Index für das Normalgewicht wird mit steigendem Alter dementsprechend höher.

BMI 12 bis 20 – Untergewicht

• Ein BMI unter 20 bedeutet Untergewicht – sollte Sie einen BMI-Wert unter 18 haben, müssen Sie zunehmen! Aber bitte vernünftig – stopfen Sie nicht einfach Dickmacher in sich hinein. Eine ausgewogene Ernährung lässt Ihren Körper fast wie von selbst das richtige Gewicht finden.

BMI 20 bis 25 – Ihr Gewicht ist okay

• Über einen BMI zwischen 20 und 25 können Sie sich freuen! Wenn Sie sich trotzdem nicht so richtig fit fühlen, sollten Sie sich überlegen, ob Sie nicht zusätzlich etwas für Ihre Gesundheit tun möchten: Unsere Fitnessübungen und natürlich auch die gesunden Rezepte helfen Ihnen dabei.

BMI 26 bis 30 – Leichtes Übergewicht

• Liegt Ihr BMI zwischen 26 und 30, haben Sie leichtes Übergewicht. Dies ist gesundheitlich noch nicht bedenklich, aber Sie sollten jetzt die Notbremse ziehen. Wenn Sie unsere Ernährungstipps beachten, werden Sie Ihr Gewicht und Ihre Gesundheit im Griff behalten.

BMI 30 bis 39 – Übergewicht

• Sollten Sie einen BMI über 30 haben, sind Sie stark übergewichtig und sollten auf jeden Fall abnehmen. Das erfordert wahrscheinlich eine Umstellung Ihrer Ernährungsgewohnheiten, aber wenn Sie gesund bleiben wollen, ist dies unumgänglich. Wenn Sie die Umstellung erst einmal geschafft haben, wird es Ihnen nicht mehr schwer fallen, mit einer normalen und ausgewogenen Ernährung Ihr Gewicht zu halten.

BMI ab 40 – Extremes Übergewicht

• Ein BMI über 40 steht für Adipositas, also Fettsucht. In diesem Fall müssen Sie dringend abspecken – am besten unter ärztlicher Aufsicht!

Liegt Ihr Gewicht im grünen Bereich?

Body-Mass-Index (BMI)

Körpergewicht in Kilogramm	1.36		1.40		1.44		1.48		1.52		1.56		1.60		1.64		1.68		1.72		1.76		1.80		1.84
100	54	53	51	50	48	47	46	44	43	42	41	40	39	38	37	36	35	35	34	33	32	32	31	30	30
99	54	52	51	49	48	46	45	44	43	42	41	40	39	38	37	36	35	34	33	33	32	31	31	30	29
98	53	51	50	49	47	46	45	44	42	41	40	39	38	37	36	36	35	34	33	33	32	31	30	30	29
97	52	51	49	48	47	46	44	43	42	41	40	39	38	37	36	35	34	34	33	32	31	31	30	29	29
96	52	50	49	48	46	45	44	43	42	40	39	38	37	37	36	35	34	33	32	32	31	30	30	29	28
95	51	50	48	47	46	45	43	42	41	40	39	38	37	36	35	34	34	33	32	31	31	30	29	29	28
94	51	49	48	47	45	44	43	42	41	40	39	38	37	36	35	34	33	33	32	31	30	30	29	28	28
93	50	49	47	46	45	44	42	41	40	39	38	37	36	35	35	34	33	32	31	31	30	29	29	28	27
92	50	48	47	46	44	43	42	41	40	39	38	37	36	35	34	33	33	32	31	30	30	29	28	28	27
91	49	48	46	45	44	43	42	40	39	38	37	36	36	35	34	33	32	31	31	30	29	29	28	27	27
90	49	47	46	45	43	42	41	40	39	38	37	36	35	34	33	33	32	31	30	30	29	28	28	27	27
89	48	47	45	44	43	42	41	40	39	38	37	36	35	34	33	32	32	31	30	29	29	28	27	27	26
88	48	46	45	44	42	41	40	39	38	37	36	35	34	34	33	32	31	30	30	29	28	28	27	27	26
87	47	46	44	43	42	41	40	39	38	37	36	35	34	33	32	32	31	30	29	29	28	27	27	26	26
86	46	45	44	43	41	40	39	38	37	36	35	34	34	33	32	31	30	30	29	28	28	27	27	26	25
85	46	45	43	42	41	40	39	38	37	36	35	34	33	32	32	31	30	29	29	28	27	27	26	26	25
84	45	44	43	42	41	39	38	37	36	35	35	34	33	32	31	30	30	29	28	28	27	27	26	25	25
83	45	44	42	41	40	39	38	37	36	35	34	33	32	32	31	30	29	29	28	27	27	26	26	25	25
82	44	43	42	41	40	38	37	36	35	35	34	33	32	31	30	30	29	28	28	27	26	26	25	25	24
81	44	43	41	40	39	38	37	36	35	34	33	32	32	31	30	29	29	28	27	27	26	26	25	24	24
80	43	42	41	40	39	38	37	36	35	34	33	32	31	30	30	29	28	28	27	26	26	25	25	24	24
79	43	41	40	39	38	37	36	35	34	33	32	32	31	30	29	29	28	27	27	26	26	25	24	24	23
78	42	41	40	39	38	37	36	35	34	33	32	31	30	30	29	28	28	27	26	26	25	25	24	24	23
77	42	40	39	38	37	36	35	34	33	32	32	31	30	29	29	28	27	27	26	25	25	24	24	23	23
76	41	40	39	38	37	36	35	34	33	32	31	30	30	29	28	28	27	26	26	25	25	24	23	23	22
75	41	39	38	37	36	35	34	33	32	32	31	30	29	29	28	27	27	26	25	25	24	24	23	23	22
74	40	39	38	37	36	35	34	33	32	31	30	30	29	28	28	27	26	26	25	24	24	23	23	22	22
73	39	38	37	36	35	34	33	32	32	31	30	29	29	28	27	26	26	25	25	24	24	23	23	22	22
72	39	38	37	36	35	34	33	32	31	30	30	29	28	27	27	26	26	25	24	24	23	23	22	22	21
71	38	37	36	35	34	33	32	32	31	30	29	28	28	27	26	26	25	25	24	23	23	22	22	21	21
70	38	37	36	35	34	33	32	31	30	30	29	28	27	27	26	25	25	24	24	23	23	22	22	21	21
69	37	36	35	34	33	32	31	30	29	28	28	28	27	26	26	25	24	24	23	23	22	22	21	21	20
68	37	36	35	34	33	32	31	30	29	29	28	27	27	26	25	25	24	24	23	22	22	21	21	21	20
67	36	35	34	33	32	31	31	30	29	28	28	27	26	26	25	24	24	23	23	22	22	21	21	20	20
66	36	35	34	33	32	31	30	29	29	28	27	26	26	25	25	24	23	23	22	22	21	21	20	20	19
65	35	34	33	32	31	30	30	29	28	27	27	26	25	25	24	24	23	22	22	21	21	21	20	20	19
64	35	34	33	32	31	30	29	28	28	27	26	26	25	24	24	23	23	22	22	21	21	20	20	19	19
62	34	33	32	31	30	29	28	28	27	26	25	25	24	24	23	22	22	21	21	20	20	20	19	19	18
61	33	32	31	30	29	29	28	27	26	26	25	24	24	23	23	22	22	21	21	20	20	19	19	18	18
60	32	32	31	30	29	28	27	27	26	25	25	24	23	23	22	22	21	21	20	20	19	19	19	18	18
59	32	31	30	29	28	28	27	26	26	25	24	24	23	22	22	21	21	20	20	19	19	19	18	18	17
58	31	30	30	29	28	27	26	26	25	24	24	23	23	22	22	21	21	20	20	19	19	18	18	18	17
57	31	30	29	28	27	27	26	25	25	24	23	23	22	22	21	21	20	20	19	19	18	18	18	17	17
56	30	29	29	28	27	26	26	25	24	24	23	22	22	21	21	20	20	19	19	18	18	18	17	17	17
55	30	29	28	27	27	26	25	24	24	23	23	22	21	21	20	20	19	19	19	18	18	18	17	17	17
54	29	28	28	27	26	25	25	24	23	23	22	22	21	21	20	20	19	19	18	18	17	17	17	16	16
53	29	28	27	26	25	24	24	23	22	22	21	21	20	20	19	19	18	18	18	18	17	17	16	16	16
52	28	27	27	26	25	24	24	23	23	22	21	21	20	20	19	19	18	18	18	17	17	16	16	16	16
51	28	27	26	25	25	24	23	23	22	22	21	20	20	19	19	19	18	18	17	17	16	16	16	15	15
50	27	26	26	25	24	23	23	22	22	21	21	20	20	19	19	18	18	17	17	17	16	16	15	15	15
49	26	26	25	24	23	23	22	22	21	21	20	20	19	19	18	18	17	17	17	16	16	15	15	15	14
48	26	25	24	24	23	23	22	21	21	20	20	19	19	18	18	17	17	17	16	16	15	15	15	14	14
47	25	25	24	23	23	22	21	21	20	20	19	19	18	18	17	17	17	16	16	16	15	15	15	14	14
46	25	24	23	22	22	22	21	21	20	19	19	18	18	18	17	17	16	16	16	15	15	15	14	14	14
45	24	24	23	22	22	21	21	20	19	19	18	18	18	17	17	16	16	16	15	15	15	14	14	14	13
44	24	24	23	22	22	21	21	20	19	19	18	18	18	17	17	16	16	16	15	15	15	14	14	14	13
43	23	23	22	21	21	20	20	19	19	18	18	17	17	16	16	16	15	15	15	14	14	14	13	13	13
42	23	22	21	21	20	20	19	19	18	18	17	17	16	16	16	15	15	15	14	14	14	13	13	13	12

Körperlänge in Metern

Quelle: VFED e.V.

Die BMI-Formel:

$$\text{BMI} = \frac{\text{Körpergewicht in kg}}{\text{Körperlänge in m}^2)}$$

$$\left(\text{z.B.} = \frac{68}{1{,}72 \times 1{,}72} = 23\right)$$

BMI ab 40
Extremes Übergewicht

BMI 30 - 39
Übergewicht

BMI 26 - 29
Leichtes Übergewicht

BMI 18 - 25
Ihr Gewicht ist ok

BMI 12 - 18
Untergewicht

Body-Mass-Index und Bewertung

Bewertung	BMI/Männer
Untergewicht	< 20
Normalgewicht	20–25
Übergewicht	26–30
Adipositas/Fettsucht	31–40
Massive Fettsucht	> 40

Übergewicht ist ungesund

Zwar sieht es meist auch nicht schön aus, wenn Sie zu viel Gewicht mit sich herumschleppen, viel wichtiger ist jedoch: Übergewicht ist ganz einfach ungesund! Die Weltgesundheitsorganisation (WHO) hat festgestellt, dass Übergewicht das weltweit größte Gesundheitsproblem Erwachsener ist. Wer über Jahre hinweg zu viele Kilos auf die Waage bringt, wird fast zwangsläufig früher oder später an einer Herz-Kreislauf-Erkrankung oder an Zuckerkrankheit leiden. Aber auch andere Erkrankungen hängen mit einem zu hohen Körpergewicht zusammen:

- Bluthochdruck
- Herzinfarkt
- Fettstoffwechselstörungen
- Gicht
- Arteriosklerose
- Magen-Darm-Beschwerden
- Wirbelsäulen- und Gelenkerkrankungen
- Atemwegserkrankungen
- Gallensteine
- Fettleber
- Verschiedene Krebserkrankungen

Außerdem: Wenn Sie operiert werden müssen, ist das Risiko wesentlich größer, wenn Sie übergewichtig sind. Ein schlanker Mann leidet zudem seltener an Rückenschmerzen, an Knie- oder Hüftarthrosen, an Senk- oder Spreizfüßen. Sind Ihre bequemen, überflüssigen Pfunde das Risiko einer ernsthaften Erkrankung wirklich wert? Oder lohnt es sich nicht doch, die Mühe einer Diät auf sich zu nehmen, wenn Ihnen ein gesünderes und vitaleres Leben winkt?

Warum Männer schneller abnehmen

Wir haben es schon immer gewusst: Männer und Frauen unterscheiden sich grundsätzlich voneinander! Wenn es ums Abnehmen geht, bestätigt sich dies mal wieder: Das weibliche Geschlecht hat in diesem Fall eindeutig den Kürzeren gezogen, denn Männer haben es viel leichter mit dem Abnehmen als Frauen! Dies liegt vor allem daran, dass Frauen mehr Fettzellen haben und aus biologischen Gründen dazu neigen, Fett zu speichern, während Männer schon gar nicht so viel Fett einlagern können.

Biologische Unterschiede – ein Vorteil für die Männer

Sie können sich freuen, meine Herren: Sie werden Ihre überflüssigen Pfunde schneller los als das weibliche Geschlecht! Der männliche Stoffwechsel zeigt bei einer Umstellung der Ernährungsgewohnheiten (also beispielsweise bei einer Diät) und bei körperlicher Aktivität sofort eine positive Reaktion, das heißt, der Körper verliert an Gewicht. Die männlichen Fettzellen sind kleiner als weibliche, können also nicht so viel Fett einlagern. Zudem enthalten männliche Zellen mehr Fett abbauende Enzyme.

Der Stoffwechsel einer Frau hingegen neigt dazu, Fett möglichst schnell und sicher zu speichern. Das hat seinen biologischen Grund, denn Frauen brauchen mehr Fett als Männer, um fruchtbar zu bleiben. Frauen sind außerdem im monatlichen und im Lebenszyklus hormonellen Schwankungen unterworfen: Pubertät, Menstruation, Schwangerschaft und Wechseljahre führen oft zu einer kurz- oder längerfristigen Gewichtszunahme. Schuld daran ist das Hormon Östrogen. Es sorgt dafür, dass Fett dort eingelagert wird, wo es das weibliche Schönheitsideal nicht haben will, nämlich an Hüfte, Oberschenkeln und am Po. Dass Männer diese Rundungen gerne mögen, ist den meisten Frauen nur ein schwacher Trost.

Da eine Frau in der Regel weniger Muskelzellen hat als ein Mann, verbraucht ein weiblicher Körper bei derselben Tätigkeit weniger Kalorien als ein männlicher.

Wo sitzt das Fett?

Wer abnehmen will, sollte vor allem Obst und Gemüse essen.

Für die Übergewichtigen unter den Herren der Schöpfung gibt es jedoch auch eine schlechte Nachricht: Nicht nur die Anzahl der überflüssigen Kilos spielen eine Rolle – entscheidend ist, an welcher Stelle des Körpers das Fett sitzt. Wissenschaftler unterscheiden bei der Fettverteilung zwei Typen:

• **Typ A** ist der so genannte Apfeltyp: Hier lagert sich das Fett vorwiegend am Oberkörper ab, typisch ist z. B. der Bierbauch. Diese Fettverteilung ist bei Männern weit verbreitet, während sie bei Frauen eher selten auftritt, und weist meist auf ungünstige Werte beim Cholesterin, Blutzucker und Blutdruck hin.

• Beim **Typ B** spricht man vom Birnentyp: Das Zuviel an Kalorien setzt sich hier vorwiegend an Hüften, Beinen und Gesäß ab. Die meisten Frauen zählen zu diesem Typ, und es ist vor allem ein kosmetisches Problem und weniger ein gesundheitliches.

Die Gewichtszunahme der Apfeltypen ist gefährlicher, weil es sich hierbei wirklich nur um überflüssiges Fett handelt, das nicht mehr benötigt wird und auf Herz und Kreislauf negativ wirkt. Aus diesem Grund sollten übergewichtige Männer – bzw. alle Apfeltypen – eher abnehmen als Frauen, also Birnentypen.

Apfel oder Birne: Welcher Typ sind Sie?

Oft ist es ganz eindeutig zu sehen, zu welchem Typ jemand gehört. Doch wenn Sie sich nicht sicher sind, können Sie es leicht herausfinden:

• Messen Sie jeweils den Umfang Ihrer Taille und Ihrer Hüfte.

• Ist der Taillenumfang größer als das Hüftmaß, sind Sie ein Apfeltyp.

• Ist hingegen der Hüftumfang größer als der Umfang Ihrer Taille, gehören Sie zu den Birnentypen.

Verglichen mit dem männlichen Bierbauch sind die Fettpolster an Hüfte und Oberschenkel als typisch weiblicher »Schwachpunkt« gesundheitlich eher harmlos.

Das Risiko beginnt bei 94 Zentimetern!

Bevor es jedoch ans Abspecken geht, greifen Sie erst mal zum Maßband – wer keines zur Hand hat, kann auch einen Faden um den Bauch legen und diesen anschließend auf einen Zollstock legen. Das gesundheitliche Risiko durch einen stattlichen männlichen Bierbauch beginnt ab einem Umfang von 94 Zentimetern ständig zu steigen. »Wirklich riskant«, so der Bremer Stoffwechselexperte Gerald Klose, »wird es dann ab einem Bauchumfang von 102 Zentimetern.« Wenn Sie zusätzlich noch Ihren BMI-Wert bestimmen (siehe Seite 14 ff.), wissen Sie genau, woran Sie sind.

Erfreulicherweise verschwindet der überflüssige Bauchspeck bei einer Diät am schnellsten.

Das Abnehmen von einigen wenigen Kilos an der richtigen Stelle kann – auch wenn Sie keine Crashdiät machen – schnell über die Bühne gehen. Eben weil Sie ein Mann sind. Und Sie haben noch einen dritten Bonus: Neueste Untersuchungen haben gezeigt, dass das gefährliche Bauchfett beim Abnehmen besonders schnell »mobilisiert« wird, es verschwindet also schneller als überflüssiger Speck an den Hüften und Beinen. Wenn ein Mann mit Bierbauch sein Gesamtgewicht nur um zehn Prozent reduziert, kann er – nach den Messungen eines Computertomographen – in der Bauchregion bis zu 30 Prozent abnehmen! Also: Packen Sie's an!

Diät macht dick: der Jojo-Effekt

Ernährungswissenschaftler wissen schon seit langem: Wer häufig Diäten macht, ist nicht nur anfällig für Essstörungen, sondern nimmt nach jeder Gewichtsabnahme auch wieder zu. Und zwar mehr, als er vorher mühevoll abgehungert hat. Man bezeichnet dies als Jojo-Effekt, denn wie bei einem Jojo geht es immer auf und ab …

Der Grund dafür ist ganz einfach: Unser Körper ist ganz und gar nicht damit einverstanden, wenn er plötzlich – mittels Diät – auf Notration gesetzt wird, aber er besitzt die Fähigkeit, sich umgehend darauf einzustellen. Dies ist das Erbe aus den frühen Jahrtausenden der Menschheit, als die Suche nach Nahrung im Mittelpunkt unseres Daseins stand. Nicht immer hatten unsere Vorfahren dabei schnell Erfolg, und so hat unser Körper gelernt, sich in Hungerzeiten zu behaupten: Der Organismus stellt sich um und kommt mit weniger Nahrung aus. Genauso reagiert unser Körper bei einer Diät – er stellt sich auf die »Notrationen« ein. Wenn Sie danach wieder »normal« essen, verwertet der Körper alle zugeführten Kalorien besonders gut, und darum haben Sie Ihr altes Gewicht (und noch mehr!) schnell wieder erreicht. So legt sich der Körper für künftige Notzeiten (also für die nächste Diät!) sicherheitshalber neue Fettreserven zu. Nur ein grundsätzlich verändertes Essverhalten und regelmäßige Bewegung kann auf Dauer diesen Jojo-Effekt verhindern.

Die so genannten Crashdiäten sind absolut ungeeignet, wenn Sie schlank und gesund werden und bleiben wollen. Sie eignen sich höchstens dafür, um nach ein paar »sündigen« Feier- oder Urlaubstagen den schnell angefressenen Bauch wieder loszuwerden, doch danach ist wieder ausgewogenes und vernünftiges Essen angesagt. Ganz abgesehen davon sind Crashdiäten nicht ungefährlich, denn die meisten sind sehr einseitig.

Glauben Sie keiner Diät, die Ihnen Wunder verspricht. Was Sie in vielen Jahren angesetzt haben, können Sie ganz einfach nicht in kurzer Zeit wieder loswerden.

Zwölf Diäten – was sie versprechen und was sie halten

Bei der Atkins-Diät essen Sie ausschließlich Fett und Eiweiß, keine Kohlenhydrate. Sie nehmen dabei zwar ab, aber diese Diät wird schnell eintönig, weil Gemüse und Getreideprodukte fehlen. Wenn Sie unter Herz-Kreislauf-Beschwerden leiden, ist die Atkins-Diät außerdem gefährlich. Sie ist auch für kurze Zeiträume abzulehnen.

Bei Formula-Diäten rührt man Instantpulver zu einer trinkfertigen Mahlzeit an. Sie bekommen dabei zwar alle Nährstoffe, doch nach ein paar Tagen können Sie die Trinkmahlzeiten vermutlich nicht mehr sehen geschweige denn schmecken. Die Nachteile liegen auf der Hand: Formula-Diäten werden schnell langweilig, außerdem lernen Sie nicht, Ihre Ernährung langfristig umzustellen. Als Start für eine größere Gewichtsabnahme sind sie hingegen ganz praktisch.

Bei der Hay'schen Trennkost dürfen Sie fast alles essen – aber nacheinander. Kohlenhydrate und Eiweiß müssen sich bei den Mahlzeiten abwechseln, dabei nehmen Sie langsam, aber stetig ab. Die Trennkost ist schwer durchzuführen, weil es oft kaum möglich ist, Eiweiß und Kohlenhydrate zu trennen. Wer sehr konsequent ist, erhält nicht alle Nährstoffe in ausreichender Menge: Kalzium, Eisen und Jod fehlen. Darum ist die Trennkost nur in abgeschwächter Form zu empfehlen.

Mit der Hollywood-Diät können Sie tatsächlich schnell und erfolgreich abnehmen. Aber sie ist sehr einseitig und belastet damit den Körper enorm. Stärkehaltige Kohlenhydrate (Kartoffeln, Vollkornprodukte, Nudeln, Zucker) und vor allem Fett sind strikt verboten, erlaubt sind mageres Fleisch, Fisch, Milch und

Milchprodukte, auch Obst und Gemüse. Menschen mit Nierenschwäche können Probleme bekommen.

Bei der Kartoffeldiät dürfen Sie Kartoffeln ohne Ende essen. Dabei müssen Sie auf jegliches Fett verzichten: Bratkartoffeln, Pommes und Chips sind tabu! Nach dem zweiten oder dritten reinen Kartoffeltag ist hin und wieder fettlos zubereitetes Fleisch oder Fisch erlaubt. Dennoch können Sie diese Diät bedenkenlos ein paar Wochen lang durchführen, denn Kartoffeln enthalten alles, was Ihr Körper braucht. Für eine dauerhafte Ernährungsumstellung ist die Kartoffeldiät jedoch nicht geeignet.

Der Nachteil vieler Diäten: Die verlorenen Kilos sind oft schnell wieder da!

Die Mayo-Diät besteht aus vielen Eiern und damit vor allem aus Eiweiß. Fett ist nicht erlaubt, Kartoffeln, Obst, Gemüse und Vollkornprodukte runden die Eiweißkost ab. Damit können Sie zwar abnehmen, aber dem Cholesterinspiegel tun die Eiermassen sicher nicht gut, und das bei Übergewichtigen meist schon erhöhte Arteriosklerose-Risiko steigt damit weiter an. Die Mayo-Diät ist keinesfalls eine langfristige Ernährungsalternative!

Monodiäten nennt man alle Diäten, bei denen Sie nur ein bestimmtes Nahrungsmittel zu sich nehmen dürfen – etwa Obst, Gemüse, Kartoffeln, Quark, Reis oder Eier. Man nimmt meist nicht mehr als 1000 Kalorien zu sich. Sie werden damit schnell Erfolg haben, Monodiäten sind ebenfalls nur für kurzfristigen Einsatz geeignet. Sie sind ebenfalls eintönig, und Ihr Körper bekommt bei fast allen viel zu wenig Vitamine und Mineralstoffe. Außerdem kann es zu erheblichen Stoffwechselstörungen kommen, bei einer reinen Eierdiät etwa zu Störungen des Fettstoffwechsels.

Bei einer Nulldiät ist totales Fasten angesagt, und nach etwa drei Tagen verspüren Sie tatsächlich keinen Hunger mehr. Dabei sollten Sie täglich mindestens drei Liter Flüssigkeit zu sich nehmen: Mineralwasser, Kräuter- und Früchtetees. Es ist ratsam, vor dem Fasten ärztlichen Rat einzuholen. Durch die Nulldiät nehmen Sie ab, und der Körper entschlackt, was ihm sehr gut tut. Zur langfristigen Gewichtsabnahme ist Fasten jedoch nicht geeignet, denn die verlorenen Kilos sind schnell wieder da!

Die Schroth-Kur gibt es seit 150 Jahren, und viele Menschen schwören auf die zwei bis vier Wochen im Jahr, an denen sie »schrotheln«. Sie nehmen bei dieser Diät nur trockenen Weißwein, alte trockene Brötchen, Backpflaumen, Haferflocken-, Schrot- und Grießbrei, Graupen, Reis, Hirse, Buchweizen und Nudeln zu sich. Die Schroth-Kur ist zum Entschlacken geeignet, die verlorenen Kilos haben Sie bald nach der Kur wieder drauf.

Die Traubenkur zählt zu den ältesten Diäten überhaupt – schon Hippokrates hat sie seinen Patienten empfohlen. Sie essen täglich bis zu vier Kilo Trauben und trinken nur Traubensaft. Bis zu zwei Wochen dauert eine Traubenkur, und Sie können dabei bis zu sechs Kilo abspecken. Die Kur wirkt auch abführend und fördert die Tätigkeit der Nieren. Der Nachteil: Nach ein paar Tagen können Sie keine Trauben mehr sehen. Da es zu Durchfall kommen kann, sollten Sie die Kur vorher mit einem Arzt absprechen.

Die Weight Watchers zielen mit ihrem Programm auf eine langfristige Nahrungsumstellung mit ausgewogener Mischkost. Man achtet dabei auf fettarme Zubereitung, sollte auch nur mageres Fleisch und mageren Fisch essen. Die Weight Watchers nehmen in der Gruppe ab – das hilft sicher manchem, Disziplin zu halten.

FdH (»Friss die Hälfte«) hat wahrscheinlich jeder schon mal ausprobiert. Es bedeutet, sich beim Essen grundsätzlich um die Hälfte einzuschränken. Doch Vorsicht: Sie haben dann keine Kontrolle mehr darüber, was Sie sich auch an »guten« Inhaltsstoffen entgehen lassen. Zwar nehmen Sie dabei ab, aber Sie müssen peinlich genau darauf achten, genügend Vitamine, Mineralien und Kohlenhydrate zu sich zu nehmen, sonst kommt es zu Mangelerscheinungen.

So entfliehen Sie dem Teufelskreis

Nur wenn Sie Ihre Ernährung auf Dauer umstellen, werden Sie den Jojo-Effekt vermeiden. Der Erfolg wird nicht so schnell sichtbar sein, dafür aber nachhaltig. Dabei müssen Sie auf nichts verzichten – auf gar nichts! Es kommt immer nur auf die Dosierung an.

- Sie dürfen hin und wieder ein Bierchen tinken – oder auch zwei!
- Sie können sich ab und zu ein paar pikante Snacks gönnen.
- Mal ein – oder mehrere – Glas Wein sind lecker und nicht verboten.
- Auch ein deftiges Lieblingsgericht wie »bei Muttern« ist gelegentlich erlaubt.
- Wenn Sie von Zeit zu Zeit was Süßes brauchen – ein Stück Kuchen oder einen Schokoriegel – dürfen Sie dies ohne schlechtes Gewissen genießen.

Merken Sie sich: Sie müssen sich nicht kasteien, um schlank zu werden und schlank zu bleiben. Sie müssen nur lernen, die Zeichen Ihres Körpers wahrzunehmen und darauf zu hören.

Im nächsten Kapitel werden Sie sehen, worauf es bei der richtigen Auswahl Ihrer Lebensmittel ankommt. Verinnerlichen Sie den Gedanken, dass Sie sich nicht kasteien müssen, um rank, schlank und gesund zu werden bzw. zu bleiben. Sie müssen nur drei Dinge lernen:

- Wählen Sie Ihre Lebensmittel mit Bedacht aus.
- Genießen Sie jeden einzelnen Bissen.
- Hören Sie mit dem Essen auf, wenn Sie keinen Hunger (mehr) haben.

Energie – Treibstoff für den Körper

Selbst wenn Sie nichts tun – wenn Sie nur auf dem Sofa sitzen oder schlafen –, verbrauchen Sie Energie. Damit Ihr Stoffwechsel arbeitet, Ihr Herz schlägt, Ihre Atmung funktioniert, muss Ihr Körper Energie aufwenden. Schon deshalb müssen Sie Nahrung zu sich nehmen. Die Kunst besteht darin, nur so viel Energie aufzunehmen, wie Sie auch wieder verbrauchen. Dafür müssen Sie aber wissen, was Ihr Körper wirklich benötigt.

Der Grundumsatz

Grundumsatz zusammen mit dem Arbeitsumsatz ergeben den Gesamtumsatz, also den gesamten Energiebedarf des Körpers.

Den Minimalverbrauch Ihres Körpers im Ruhezustand – wenn also lediglich die dringend notwendigen Körperfunktionen aufrecht erhalten werden – nennt man Grundumsatz (oder Ruheumsatz). Der Energiebedarf eines Erwachsenen, also der Gesamtumsatz, setzt sich aus zwei Komponenten zusammen: aus eben diesem Grundumsatz und dem zusätzlichen Bedarf für jede körperliche Betätigung – dem so genannten Arbeitsumsatz. Der Grundumsatz lässt sich noch einigermaßen benennen, doch um den Arbeitsumsatz zu berechnen, müssen Sie die unterschiedlichsten Faktoren berücksichtigen: Alter, Größe, Gewicht, Lebensweise, Veranlagung, Job usw. Für diese komplizierte Berechnung gibt es seit neuestem ein ausgeklügeltes System: PAL (= physical activity level).

Kalorien oder Joule

In der Ernährungswissenschaft bezeichnet man die Energie, die der Körper braucht, als Kalorien bzw. Joule. In der Regel wird mit Kilokalorien (kcal) und Kilojoule (kJ) gerechnet, dabei gilt: 1 kcal = 4,1868 kJ. Die Bezeichnung Joule bzw. Kilojoule hat sich allerdings im normalen Sprachgebrauch nicht durchsetzen können. Man rechnet im Allgemeinen weiterhin mit Kalorien – und meint damit eigentlich Kilokalorien.

Mit dem PAL den Gesamtumsatz berechnen

Um den PAL anzuwenden, legt man einen allgemeinen Richtwert für den Grundumsatz zugrunde.

Richtwerte für den Grundumsatz

Alter	Grundumsatz Männer
19–25	3000 kcal/Tag
25–51	2900 kcal/Tag
51–65	2500 kcal/Tag

Aus Alter, Beruf und Lebensweise ergibt sich der PAL (= physical activity level), der mit dem Richtwert verrechnet wird und somit den individuellen Gesamtumsatz ergibt. Sie haben einen Beruf, bei dem Sie praktisch ausschließlich sitzen? Dann multiplizieren Sie den oben genannten Richtwert für den Grundumsatz mit dem Faktor 1,4. Für Schwerstarbeiter gilt der Faktor 2,4, berufstätige Männer haben üblicherweise einen PAL-Wert zwischen 1,55 und 1,65. Die folgenden PAL-Werte wurden von der Deutschen Gesellschaft für Ernährung (DGE) festgelegt:

PAL-Wert	Job und Freizeitverhalten
1,2	Ausschließlich sitzende oder liegende Lebensweise, z. B. alte, gebrechliche Menschen
1,4–1,5	Fast ausschließlich sitzende Tätigkeit; wenig oder keine Freizeitaktivitäten
1,6–1,7	Sitzende Tätigkeit, zeitweilig zusätzlicher Energieaufwand für gehende und stehende Tätigkeiten; zwei- bis dreimal die Woche ca. eine Stunde Sport
1,8–1,9	Überwiegend gehende und stehende Arbeit; drei- bis viermal die Woche länger als eine Stunde intensiv Sport
2,0–2,4	Körperlich anstrengende berufliche Arbeit; Leistungssportler

Bei der Berechnung des PAL spielen Alter, Beruf und Lebensweise eine wichtige Rolle.

So wenden Sie den PAL an

Die Tabelle kann nur allgemeine Beschreibungen liefern. Um sich richtig einzustufen, sollten Sie Ihre Lebensweise selbstkritisch betrachten. Ein Beispiel: Sie sind 52 Jahre, haben einen Bürojob und spielen einmal die Woche Fußball.

Ihren Richtwert von 2500 multiplizieren Sie mit Ihrem PAL-Wert 1,5. Das ergibt 3750 – so viele Kalorien verbrauchen Sie im Durchschnitt täglich. Wenn Sie nicht mehr Kalorien zu sich nehmen, halten Sie Ihre Figur. Aber wenn Sie abnehmen wollen, müssen Sie entweder Ihre Kalorienzufuhr reduzieren, also ausgewogen essen, oder Sie müssen mehr verbrennen, also intensiver und öfter Sport treiben.

Hierzu haben wir eine gute Nachricht: Sie bleiben automatisch unter Ihrem Gesamtumsatz, wenn Sie sich an unsere Rezepte (ab Seite 58) halten und dabei die Lebensmittelpyramide (Seite 155) berücksichtigen. Mit regelmäßiger Bewegung wird es Ihnen zudem gelingen, Ihren Körper in Form zu bringen und zu halten.

Ihr Körper – ein Motor, der Benzin braucht

Je nachdem, welchen Stoff unser Körper verbrennt, entsteht eine andere Energiemenge: Dabei bringt Fett etwa doppelt so viele Kalorien wie Eiweiß und Kohlenhydrate.

Stellen Sie sich ein Auto vor: Ohne Benzin – also Energie – läuft der Motor nicht. Genauso ist es bei unserem Körper. Sie müssen Energie »tanken«, damit er richtig funktioniert. Diese Energie tanken Sie immer dann, wenn Sie etwas zu sich nehmen. Unsere Nahrung ist sozusagen das »Benzin«, und dies besteht hauptsächlich aus Kohlenhydraten, Fett und Eiweiß. Diese Stoffe werden beim Verdauungsvorgang »verbrannt«; die dabei entstehende Wärme (also Energie) misst man in Kalorien oder Joule, bzw. in Kilokalorien und Kilojoule.

Mit der Nahrung nehmen Sie außerdem Vitamine, Mineralstoffe, Spurenelemente und natürlich Wasser auf. Diese geben bei der Verbrennung keine Energie ab – enthalten also auch keine Kalorien. Trotzdem sind sie für den Körper und seine Funktionen lebenswichtig.

Es ist kaum vorstellbar, aber jeder menschliche Körper besteht zu zwei Dritteln aus Wasser. Fett liefert etwa 10 bis 15 Prozent der Körpermasse, Eiweiß 16 Prozent, fünf Prozent des Körpers bestehen aus Mineralstoffen und etwa ein Prozent aus Kohlenhydraten.

Baumeister aller Körperzellen: Eiweiß

Eine andere Bezeichnung für Eiweiß ist Protein.

Nicht das Eiweiß selbst ist lebensnotwendig, sondern seine Bausteine, die so genannten Aminosäuren. Nach der Menge der Aminosäuren richtet sich der unterschiedliche Nahrungswert der einzelnen Eiweiße. Man unterscheidet zwei Arten: *Tierisches Eiweiß* befindet sich in Eiern, Fleisch und Fisch, in Milch und Milchprodukten, z. B. in Käse. Es kann vom menschlichen Körper relativ leicht verwertet werden.

Pflanzliches Eiweiß steckt in Getreide, Soja und Hülsenfrüchten. Es ist für den Körper schwerer zu verwerten als tierisches Eiweiß.

Eiweiß dient als Architekt und Baumeister unserer Zellen und Muskeln, der Organe und des Bluts. Der Körper kann es nicht einlagern; aus diesem Grund müssen Sie es – möglichst täglich – zu sich nehmen. Essen Sie jedoch zu viel Eiweiß, wird es vom Körper in Fett umgewandelt. Optimal ist ein Eiweißanteil von 10 bis 15 Prozent der gesamten Energiezufuhr. Sie sollten darauf achten, dass etwa ein Drittel aus tierischem, zwei Drittel aus pflanzlichem Eiweiß bestehen.

Die tägliche Eiweißzufuhr sollte zu einem Drittel aus tierischem, zu zwei Dritteln aus pflanzlichem Eiweiß bestehen.

Energieschub für den Körper: Kohlenhydrate

Lange Zeit wurden Kohlenhydrate als »Dickmacher« verteufelt. Heute wissen wir, dass es »gute« und »schlechte« Kohlenhydrate gibt. Die »guten« kommen in naturbelassenen Lebensmitteln vor: in Obst, Gemüse, Salat, Getreide, Brot, Kartoffeln, Hülsenfrüchten und Vollkornprodukten. Die »schlechten« Kohlenhydrate findet man im Fabrikzucker und in chemisch behandelten Lebensmitteln, wie z. B. Marmelade und allen Süßigkeiten – Saft, Sirup, Honig, Kuchen, Keksen und Schokolade.

Kohlenhydrate sind der wichtigste Stoff für all Ihre Körperaktivitäten. Man braucht sie für die Verdauung und als »Treibstoff« für Muskel- und Gehirnarbeit. Ohne Kohlenhydrate kann Ihre Leber keine Fette aufspalten, und nur mit ihrer Hilfe ist es überhaupt möglich, dass bestimmte Mineralstoffe ins Blut transportiert werden. 55 Prozent der täglichen Energiemenge sollten Sie in Form von Kohlenhydraten zuführen.

Die süße Sünde: Zucker

Wenn Sie Ihren täglichen Energiebedarf hauptsächlich in Form von Zucker bzw. Süßigkeiten zu sich nehmen, kommt es zur Fehlernährung und zu Übergewicht: Mit Zucker dürfen Sie nur etwa zehn Prozent des täglichen Energiebedarfs decken. Doch in der Realität sieht es ganz anders aus: Tag für Tag verzehren wir in Deutschland etwa 70 Gramm Zucker! Das ist weit mehr als zehn Prozent und viel zu viel, um eine schlanke Figur zu haben …

Konzentrierte Kraft für den Organismus: Fett

Klar, dass man Fett in allen Ölen, in Rahm, Butter, Margarine, Schmalz, Speck, Mayonnaise, Nüssen, aber auch in Oliven und Avocados findet. Fett ist wichtig, es hält den Körper zusammen:

Süße Verführung: Pralinen haben nicht nur einen hohen Zucker-, sondern auch einen beträchtlichen Fettanteil.

• Fett transportiert die fettlöslichen Vitamine A, D, E und K (siehe Seite 36) und die unentbehrlichen (essenziellen) Fettsäuren durch die Darmwand ins Blut.

• Fett dient als »Polsterung« all Ihrer Organe, es umgibt sie, hält sie an ihrem Platz und schützt sie.

• Fett sorgt dafür, dass Sie Temperaturschwankungen gut überstehen. Deshalb liegt fast die Hälfte des Körperfetts unter der Haut.

Wer abnehmen will, darf täglich nur 30 bis 50 Gramm Fett verzehren.

• Fett ist Geschmacksträger. Mit ein bisschen Fett wird der Schweinebraten knusprig, der Salat würzig, alles schmeckt viel aromatischer.

• Bei der Verdauung bleibt Fett am längsten im Magen liegen, dadurch hat es einen hohen Sättigungswert. Pro Tag sollten Sie etwa ein Gramm Fett pro Kilo Körpergewicht verzehren – höchstens 70 bis 80 Gramm. Doch Fett ist nicht gleich Fett. Auch hier müssen Sie unterscheiden, und zwar nach den so genannten Fettsäuren, die im Fett enthalten sind:

• Gesättigte Fettsäuren liefern Energie. Sie sind vor allem in Fetten tierischer Herkunft enthalten, also auch in Wurst oder Butter.

• Einfach ungesättigte Fettsäuren braucht der Körper für die Funktion der Zellmembranen. Sie kommen vor allem in Oliven- und Rapsöl vor.

• Mehrfach ungesättigte Fettsäuren werden auch als »essenzielle Fettsäuren« bezeichnet. Man kennt Omega-6- und Omega-3-Fettsäuren. Beide Gruppen sind lebensnotwendig. Essenzielle Fettsäuren sind in fast allen pflanzlichen Fetten (vor allem Sonnenblumen-, Soja- und Leinöl) enthalten, aber auch in manchen Seefischen, wie Lachs, Makrele, Hering oder Thunfisch.

Etwa zehn Prozent der Gesamtfettmenge sollte von essenziellen Fettsäuren geliefert werden, also zwischen sechs und acht Gramm. Doch leider sieht der Alltag meist anders aus: Im Schnitt isst jeder Mann fast 140 Gramm Fett täglich, und davon das meiste tierischer Herkunft – also gesättigte Fettsäuren! Jedes Gramm zu viel wird in Körperfett umgewandelt, was sich auf Ihrer Waage bemerkbar machen wird.

Ob essenziell oder nicht – Sie sollten nicht Ihren gesamten Fettbedarf mit ein und derselben Fettart decken. Die Verteilung sollte etwa so aussehen:

- Streichfette etwa 25 Gramm
- Bratfett etwa 15 Gramm
- Versteckte Fette etwa 35 Gramm

Die Gesamtmenge an Fett, die Sie zu sich nehmen, sollte 60 bis 80 Gramm nicht überschreiten. Nur so halten Sie Ihr Gewicht. Wenn Sie dagegen abnehmen wollen, müssen Sie sich beim Fettverzehr einschränken: Mehr als 30 bis 50 Gramm dürfen es dann nicht sein!

Wenn Sie pflanzliche Fette wie Sojaöl, Maiskeimöl oder Sonnenblumenöl verwenden, stellen Sie Ihre Grundversorgung an essenziellen Fettsäuren sicher. Ein Esslöffel – z. B. im Salat – reicht schon für den Tagesbedarf aus.

Margarine oder Butter?

Ob Sie Margarine oder Butter aufs Brot schmieren sollen, darüber streiten sich die Wissenschaftler. Butter ist ein tierisches Produkt und enthält nur etwa zwei Prozent essenzielle Fettsäuren, Margarine dagegen kann bis zu 30 Prozent der lebenswichtigen Fettsäuren enthalten. Butter wiederum ist leichter verdaulich. Der Rat der Fachleute: Wechseln Sie ab – mal Butter, mal Margarine!

Achten Sie aber schon beim Einkauf von Margarine darauf, ein gutes Produkt mit hohem Anteil an essenziellen Fettsäuren zu wählen. Finger weg, wenn Sie lesen: »Zum Teil gehärtete Fettsäuren«. Dies bedeutet, dass diese Margarine nur einen geringen Fettsäure-Anteil enthält.

Vorsicht: versteckte Fette!

Bei vielen Nahrungsmitteln können Sie nicht auf den ersten Blick erkennen, dass überhaupt Fett enthalten ist. Auch der geräucherte Schinken, bei dem Sie den Fettrand abschneiden, ist nicht »fettfrei« – Sie haben nur das sichtbare Fett entfernt. Im Schinken selbst jedoch lauert die Gefahr, hier verstecken sich noch jede Menge Fette.

Lust auf Süßes

Sie bevorzugen ein süßes Frühstück, brauchen ein Stückchen Kuchen oder Gebäck gegen das Elf-Uhr-Loch am Vormittag oder gegen den »toten Punkt« am Nachmittag? Vorsicht: Auch hier ist – selbst im so trocken und harmlos wirkenden Sandkuchen – eine ganze Menge an Fett versteckt.

Süße Leckereien

Pro Stück	Fettgehalt	Pro Stück	Fettgehalt
Amerikaner	9 g	Nusskuchen	20 g
Apfelstrudel	6 g	Nussecken	36 g
Bienenstich	16 g	Obstkuchen aus Hefeteig	4 g
Biskuitrolle mit Sahne	15 g	Prinzenrolle	5 g
Buttergebäck	26 g	Quarkstrudel	8 g
Butterkekse (100 g)	11 g	Rührkuchen	16 g
Dampfnudeln	13 g	Sachertorte	14 g
Donauwellen	19 g	Sahnetorte	25 g
Donut	6 g	Sandkuchen	17 g
Ferrero-Küsschen	4 g	Schokolade Vollmilch (100 g)	30 g
Frankfurter Kranz	24 g	Schwarzwälder Kirschtorte	16 g
Granola Kekse	12 g	Schweinsohren	30 g
Hefeschnecken	8 g	Snickers	17 g
Hefezopf	5 g	Spritzgebäck	32 g
Käsekuchen	14 g	Vanillekipferl (100 g)	31 g
Löffelbiskuit (100 g)	5 g	Windbeutel mit Sahne	20 g
Marmorkuchen	13 g		
Marsriegel	10 g		

Geflügel gilt zwar als fettarm, in der berühmten Weihnachtsgans jedoch verstecken sich jede Menge Fette!

Deftige Fleischgerichte

Sie lieben eine knusprige Schweinshaxe, ein schönes Steak? Dagegen ist nichts einzuwenden – solange Sie sich nicht täglich damit »verwöhnen«. Ihrem Körper täten Sie damit gewiss nichts Gutes. Selbst scheinbar mageres Fleisch enthält versteckte Fette. Im Gegensatz zur fettarmen Pute ist der Fettgehalt z. B. in Brathähnchen, Ente oder Gans ziemlich hoch.

Geflügel und Fleisch

Je 100 g	Fettgehalt	Je 100 g	Fettgehalt
Brathähnchen	10 g	Putenschnitzel	5 g
Ente	17 g	Rehkeule	1 g
Fasan	5 g	Rehrücken	4 g
Gans	31 g	Rinderfilet	4 g
Hähnchenbrust mit Haut	10 g	Rindergulasch	5 g
Hähnchenbrust o. Haut	1 g	Rinderroulade	4 g
Hähnchenkeule mit Haut	11 g	Rindersteak	4 g
Hasenrücken	3 g	Roastbeef	5 g
Hirschkeule	4 g	Schweinefilet	2 g
Kalbsfrikassee	5 g	Schweinegulasch	11 g
Kalbsleber	4 g	Schweineleber	3 g
Kalbsroulade	2 g	Schweineschnitzel	2 g
Kalbsschnitzel	2 g	Schweinesteak	5 g
Lammfilet	3 g	Suppenhuhn	20 g
Lammschnitzel	6 g	Truthahn	15 g
Putenbrust	1 g	Wachtel	10 g

Im Rahmen einer Diät ist die fettarme Putenbrust das ideale Fleisch für Sie!

Herzhafte Brotzeit

Ein richtig schönes Leberwurstbrot – wem läuft da nicht das Wasser im Mund zusammen? Aber gerade in Wurst ist viel Fett verborgen. Es gilt die Faustregel: Je streichfähiger die Wurstsorte, desto mehr Fett enthält sie. Greifen Sie zur fettarmen Geflügelwurst.

Wurstwaren

Je 100 g	Fettgehalt	Je 100 g	Fettgehalt
Blutwurst	31 g	Lachsschinken o. Fettrand	4 g
Cervelatwurst	35 g	Mettwurst, fein	29 g
Geflügelsalami	14 g	Mortadella	29 g
Kalbsleberwurst	27 g	Putenbrust, geräuchert	5 g

Wurstwaren (Fortsetzung)

Je 100 g	Fettgehalt	Je 100 g	Fettgehalt
Salami	33 g	Teewurst	35 g
Schinken, gekocht	11 g	Weißwurst	25 g
Schinken, roh	16 g	Wiener Würstchen	28 g

Frischer Fisch

Bei Meeresfischen können Sie (fast) bedenkenlos zugreifen, selbst wenn sie mal etwas mehr Fett enthalten. Denn Seefisch enthält hochwertiges Eiweiß, reichlich Jod, das die Schilddrüse braucht, und Omega-3-Fettsäuren zur Vorbeugung von Herz-Kreislauf-Erkrankungen. Ein bisschen anders sieht es bei Süßwasserfischen und bei geräuchertem Fisch aus, hier sollten Sie bewusst auswählen.

Seefisch ist nicht nur relativ fettarm, sondern enthält auch reichlich Jod, das die Schilddrüse braucht.

Fisch

Je 100 g	Fettgehalt	Je 100 g	Fettgehalt
Aal, roh	25 g	Ölsardinen	14 g
Aal, geräuchert	29 g	Rotbarsch	4 g
Austern	1 g	Sardellen, roh	2 g
Barsch	6 g	Sardellen, geräuchert	2 g
Forelle	3 g	Sardine, roh	5 g
Garnele	2 g	Sardine, geräuchert	2 g
Hecht	1 g	Schellfisch	1 g
Heilbutt	2 g	Scholle	2 g
Hering, roh	18 g	Seezunge	1 g
Hummer	2 g	Sprotten, roh	17 g
Kabeljau	1 g	Steinbutt	2 g
Karpfen	5 g	Thunfisch, roh	16 g
Lachs, roh	14 g	Thunfisch in Öl	21 g
Lachs, geräuchert	7 g	Tintenfisch	1 g
Miesmuscheln	1 g	Zander	1 g

Leckerer Käse

Wenn Sie Käse mögen, haben Sie wahrhaft die Qual der Wahl: Immerhin gibt es neben den etwa 600 heimischen Sorten noch eine riesige Auswahl an importiertem Käse, vor allem aus Holland, Frankreich, Dänemark, der Schweiz und Italien. Auch einem Käse sieht man nicht unbedingt an, wie viel Fett er enthält, und die Angaben auf der Verpackung müssen Sie zu lesen wissen: Heißt es dort z. B. »45 % Fett i. Tr.«, so bedeutet das, dass ausschließlich in der Trockenmasse (= i. Tr.), also nachdem dem Käse das Wasser entzogen worden ist, 45 Prozent Fett enthalten sind. Der absolute Fettgehalt ist demzufolge deutlich niedriger, aber teilweise immer noch recht hoch.

Wussten Sie, dass es allein in Deutschland etwa 600 Sorten Käse gibt?

Käse

Käsesorten je 100 g	Fettgehaltsstufen	Fettgehalt
Hartkäse: Bergkäse, Emmentaler, Chester	45 % F.i.Tr. – vollfett	28 g
	50 % F.i.Tr. – Rahmstufe	31 g
Schnittkäse: Edamer, Gouda, Tilsiter	30 % F.i.Tr. – dreiviertelfett	15 g
	40 % F.i.Tr. – fett	21 g
	45 % F.i.Tr. – vollfett	25 g
	50 % F.i.Tr. – Rahmstufe	28 g
	60–85 % F.i.Tr. – Doppelrahmstufe	43 g
Halbfester Schnittkäse: Butterkäse, Edelpilzkäse, Steinbuscher, Wilstermarschkäse	30 % F.i.Tr. – dreiviertelfett	13 g
	45 % F.i.Tr. – vollfett	22 g
	50 % F.i.Tr. – Rahmstufe	25 g
Sauermilchkäse: Harzer-, Mainzer-, Korb-, Handkäse	unter 10 % F.i.Tr. – mager	3 g
Weichkäse: Brie, Camembert, Weißlacker, Limburger	30 % F.i.Tr. – dreiviertelfett	12 g
	40 % F.i.Tr. – fett	17 g
	45 % F.i.Tr. – vollfett	20 g
	50 % F.i.Tr. – Rahmstufe	23 g
	60–85 % F.i.Tr. – Doppelrahmstufe	36 g

Käse (Fortsetzung)

Käsesorten je 100 g	Fettgehaltsstufen	Fettgehalt
Frischkäse: Speisequark, Rahmkäse, Doppelrahmfrischkäse	10 % F.i.Tr. – viertelfett	2 g
	20 % F.i.Tr. – halbfett	5 g
	30 % F.i.Tr. – dreiviertelfett	7 g
	40 % F.i.Tr. – fett	10 g
	45 % F.i.Tr. – vollfett	12 g
	50 % F.i.Tr. – Rahmstufe	20 g
	60 – 85 % F.i.Tr. – Doppelrahmstufe	26 g

(aus: Ernährung heute, Dr. Felix Büchner Verlag)

Verschiedene Bausteine in allen Lebensmitteln

Wie wir auf den Seiten 26 bis 29 ausgeführt haben, braucht unser Körper alle drei Bausteine – Kohlenhydrate, Eiweiß und Fett –, um richtig zu funktionieren. Kaum ein Nahrungsmittel enthält nur einen einzigen Baustein – ganz im Gegenteil: In jeder Speise, in jedem Obst und in jedem Gemüse sind neben Vitaminen, Mineralstoffen und Spurenelementen mindestens zwei dieser wichtigen Komponenten enthalten.
Wenn wir unseren Speiseplan zusammenstellen, dürfen wir nicht vergessen, dass jeder Teil dieses Trios beim Verdauungsvorgang eine andere Energiemenge produziert. Die drei Bausteine bringen also im Endeffekt unterschiedliche Kalorien auf die Waage:

- 100 Gramm Fett liefern über 900 Kilokalorien.
- 100 Gramm Kohlenhydrate liefern 415 Kilokalorien.
- 100 Gramm Eiweiß schlagen mit 430 Kilokalorien zu Buche.

Kohlenhydrate, Eiweiß und Fett benötigt unser Körper, um richtig funktionieren zu können.

Zudem enthält kohlenhydratreiche Nahrung sehr viel Wasser: Brot etwa 50 Prozent, Kartoffeln um 70 Prozent und Gemüse sogar bis zu 90 Prozent. Reine Fette dagegen – wie z. B. Speck, Butter, Margarine, Öl – sind praktisch wasserfrei. Das alles heißt für unseren Körper: Mit einer kleinen Fettportion im Essen führen wir wesentlich mehr Energie zu als mit einer großen Menge Kohlenhydrate.

Eiweiß, Fett und Kohlenhydrate sind also die Grundlagen unserer Ernährung. Sie liefern der »Körpermaschine« die Energie, die sie braucht. Dieses Trio wird durch Vitamine, Mineralstoffe und Spurenelemente ergänzt – es fehlen nur noch die Ballaststoffe.

Ballaststoffe: Was ist das eigentlich?

Viele Lebensmittel enthalten unverdauliche Bestandteile, die so genannten Ballaststoffe. Vor allem unbehandelte kohlenhydratreiche Speisen sind sehr reich daran. Ballaststoffe haben viele gute Eigenschaften:

- Sie enthalten keine Kalorien.
- Sie umhüllen die Nährstoffe und schützen sie.
- Sie sorgen dafür, dass unser Stoffwechsel und somit die natürliche Verdauung angeregt wird. Denn: Sie kommen fast unverdaut bis zum Dickdarm.
- Sie regen die Durchblutung des Zahnfleisches an, denn bei einer ballaststoffreichen Nahrung müssen wir einfach mehr kauen.
- Sie nehmen Flüssigkeit im Dickdarm auf und somit auch schädliche Stoffe, die dann mit ausgeschieden werden.

Wer viele Ballaststoffe zu sich nimmt, sorgt also für eine natürlich geregelte Verdauung und für einen gesunden Stoffwechsel. Ganz nebenbei machen sie auch noch satt.

Wir haben weniger Hungergefühle, wenn wir viele Ballaststoffe zu uns nehmen.

Vitamine und Mineralstoffe: das gesunde Lebens-ABC

Vitamine und Mineralstoffe sind unabdingbar für bestimmte Vorgänge im Körper. Jeder Mensch hat einen individuellen Bedarf an Vitaminen und Mineralstoffen, dies hängt von Körpergröße, Gewicht und Gesundheitszustand ab, auch Ihr Lebensstil spielt eine große Rolle. Aber es gibt bestimmte Richtwerte, an denen Sie sich orientieren können.

Die tägliche Vitamindosis

Fettlösliche Vitamine werden im Körper gespeichert. Wasserlösliche Vitamine müssen dem Körper täglich aufs Neue zugeführt werden, denn ein Überschuss wird ausgeschieden.

Man unterscheidet zwischen den fettlöslichen Vitaminen, das sind die Vitamine A, D, E und K, und den wasserlöslichen Vitaminen, das sind Vitamin C und die Vitamine der B-Gruppe. Wie der Name schon sagt, brauchen die wasserlöslichen Vitamine Wasser, um vom Körper aufgenommen zu werden. Da sie nur in geringen Mengen im Körper gespeichert werden können, müssen sie täglich neu über die Nahrung zugeführt werden.
Die fettlöslichen Vitamine werden in der Leber und in anderen Organen gespeichert. Sie brauchen Fette oder Öle, um aus dem Darm vom Körper aufgenommen zu werden. Durch die Speicherung der Vitamine im Körper kann es allerdings auch zu einer Überversorgung kommen.

Wichtige Vitamine für Männer

Cobalamin (Vitamin B_{12}) ist am Aufbau des Antistresshormons Serotonin beteiligt. Cobalamin ist zudem wichtig für die Fruchtbarkeit der Spermien. Es kommt nur in tierischer Nahrung vor.
Vitamin E schützt vor Herzinfarkt. Besonders wichtig ist dies für Männer, die viel am Schreibtisch arbeiten, oft unter Stress stehen und sich nicht genug bewegen. Es ist vor allem in Nüssen und hochwertigen Keimölen, z. B. Sonnenblumenöl, enthalten.
Folsäure ist leider bei vielen Männern nicht ausreichend vorhanden. Um fit und belastbar zu bleiben, sollten Sie täglich Salat und Vollkornprodukte essen.
Thiamin (Vitamin B_1) ist bei all jenen nur mangelhaft vorhanden, die ständig Diät halten, zu viel Alkohol trinken oder/und sich einseitig mit raffinierten Zucker- und Weißmehlprodukten ernähren. Abhilfe schaffen Sie, wenn Sie viele Vollkornprodukte und mageres Fleisch zu sich nehmen.
Antioxidanzien nennt man Betakarotin (Pro-Vitamin A), Vitamin C und Vitamin E. Alle drei sind ausgesprochen wichtige Zellschutzstoffe. Zellschäden

durch aggressive Sauerstoffmoleküle, die beim Rauchen oder durch zu viel Sonne entstehen, werden von diesen Antioxidanzien gemindert. Eine ausreichende Versorgung garantieren Obst, Gemüse, Nüsse, Samen und Pflanzenöle.

Manche Wissenschaftler sind der Ansicht, dass Antioxidanzien sogar zur Krebsprophylaxe eingesetzt werden können.

Sportler brauchen vor allem B-Vitamine

Wer intensiv Sport treibt, hat einen erhöhten Bedarf an den Vitaminen B_1, B_2, Niacin und Pantothensäure. Diese vier Vitamine leisten nämlich einen wesentlichen Beitrag zum Energiestoffwechsel, ein Mangel kann zu Leistungseinbußen führen. Darüber hinaus entstehen bei Anstrengung im Körper vermehrt freie Radikale, die den Zellmembranen Schaden zufügen können. Deswegen sollten Sportler auch auf ausreichende Zufuhr von Antioxidanzien achten.

Raucher leiden an Vitamin-C-Mangel

Raucher haben deutlich schlechtere Vitalstoffwerte. Vor allem Vitamin C und die anderen Antioxidanzien werden beim Abbau der schädlichen Substanzen im Tabakrauch in großen Mengen »verbraucht«. Abgesehen davon, dass Aufhören natürlich das Beste wäre, sollten Raucher zumindest darauf achten, diese Stoffe ausreichend aufzunehmen. Um beispielsweise die gleichen Vitamin-C-Werte im Blut wie ein Nichtraucher zu erreichen, braucht ein Raucher täglich mindestens 120 Milligramm mehr.

Ohne Mineralstoffe funktioniert nichts!

Mineralstoffe sind anorganische Elemente, die für den Körper lebensnotwendig sind – damit sind sie essenzielle Nährstoffe. Sie liefern keine Nahrungsenergie, haben im Körper aber mehrere wichtige Aufgaben zu erfüllen:

- Als Baustoffe sind Kalzium und Phosphat notwendig. Sie sind wichtige Bestandteile des Skeletts und geben den Knochen und Zähnen ihre Festigkeit.
- Natrium und Kalium regeln den Wasserhaushalt im Körper.
- Kalium, Kalzium, Natrium und Magnesium sind für die Nerven- und Muskelfunktionen unerlässlich.
- Magnesium aktiviert zahlreiche Enzyme.
- Alle Mineralstoffe fördern oder hemmen Stoffwechselvorgänge.

Die Mineralstoffe werden in Mengen- und Spurenelemente unterteilt, dabei ist entscheidend, in welcher Menge der jeweilige Stoff in unserem Körper vorhanden ist: Der Anteil von Mengenelementen ist höher als 50 Milligramm pro Kilogramm Körpergewicht, der Anteil von Spurenelementen liegt unter 50 Milligramm.

Vitamin A kann unser Körper in relativ großen Mengen speichern. Wer sich vernünftig ernährt, wird deshalb kaum an Vitamin-A-Mangel leiden.

Vitamine

Name	Tagesbedarf	Vorkommen
Vitamin A – Retinol	1000 µg; enthalten in 50 g Edamer, 3 mittelgroßen Tomaten oder 200 g Mango	In fast allen grünen, gelben und orangefarbenen Gemüsen und Früchten. Vor allem Ananas, Äpfel, Aprikosen, Brombeeren, Erdbeeren, Netzmelonen, Pfirsiche, Pflaumen, Preiselbeeren, Stachelbeeren, Trauben und Wassermelonen; Blumenkohl, Brokkoli, Brunnenkresse, Grünkohl, Gurken, Möhren, Kartoffeln, Kohl, Kürbis, Rote Bete, Bleich- und Knollensellerie, Spinat, Tomaten, Zucchini und Zwiebeln
Vitamin B_1 – Thiamin	1,3 mg; enthalten in 200 g Kartoffeln oder 150 g Schweineschnitzel	Vor allem in Schweinefleisch, Haferflocken, Weizen- und Roggenmehl (jeweils Vollmehl), grünen Erbsen, Schweine- und Rinderleber
Vitamin B_2 – Riboflavin	1,7 mg; enthalten in $^1/_4$ l fettarmer Milch, 150 g Rindfleisch oder 10 g Bierhefe	Vor allem in Milch und Milchprodukten, außerdem in Seelachs und in Brokkoli, Spinat und jungem Kohl
Niacin (Nicotinsäure)	18 mg; enthalten in 150 g Hühnerbrust, 100 g Vollkornmüsli mit Aprikosen oder 125 g Kalbsleber	Praktisch in allen Lebensmitteln, besonders in Fleisch und Fisch bzw. generell allen eiweißreichen Lebensmitteln
Pantothensäure	6 mg; enthalten in 100 g Leber, 4 Eiern, 400 g Wassermelone oder 2,5 Liter Milch	Vor allem in Innereien, Leber, Herz und Nieren, aber auch in Eiern und Vollkornprodukten
Vitamin B_6 – Pyridoxin	1,8 mg; enthalten in 150 g Lachs, 125 g Hühnerbrust oder 200 g Kartoffeln	In Seefisch und magerem Geflügel, aber auch in Avocados, Bananen, Sojabohnenkeimlingen, Brokkoli, Bohnen, Erbsen und Blumenkohl

Besonderheit	Achtung	Küchentipp
Gliedert sich in Vitamin A_1 (Retinol) und Vitamin A_2. Diese Provitamine nennt man Beta-Karotine. Hilft bei Aufbau, Erhaltung und Schutz der Zellen. Das »Hautvitamin« ist wichtig für gesunde Haut, außerdem für die Blutbildung, Fruchtbarkeit und Schilddrüsenfunktion	Überdosierung (Tabletten) stört den Stoffwechsel, führt zu Blutungen und Knochenveränderungen	Fettlöslich; licht- und sauerstoffempfindlich, aber hitzestabil. Vom Körper besser aufzunehmen, wenn Gemüse/Obst zerkleinert und mit etwas Fett (Butter/Öl) zubereitet wird
Aufbauvitamin für Sportler. Unentbehrlich für das Wechselspiel zwischen Hirn, Nerven und Muskeln. Mangel führt zu Müdigkeit, Krämpfen, Nervosität, Heißhunger auf Süßes, Konzentrationsmangel		Wasserlöslich; wasser-, licht- und sauerstoffempfindlich. Deshalb immer schnell und schonend zubereiten und sofort servieren
Wichtig für den gesamten Stoffwechsel und die Gesundheit von Haut und Augen. Mangel kann Schädigungen an Haut, Augen und Schleimhäuten sowie Risse in den Mundwinkeln hervorrufen	Sportler benötigen mehr Riboflavin!	Wasserlöslich; sehr hitzebeständig, aber extrem lichtempfindlich. Nicht in offenen Töpfen garen, sondern in wenig Wasser und bei geschlossenem Deckel! Nie Natron zum Kochen verwenden
Sorgt für Ihre geistige Gesundheit und dafür, dass Haarwuchs und Hormonbildung funktionieren. Hilft gegen Alterssteifigkeit und Gelenkschmerzen. Mangel führt zu rauer Haut, Schlaflosigkeit, Schwindel, Depressionen und Durchfall	Wer zu Gicht neigt, sollte wenig tierische niacinhaltige Nahrung zu sich nehmen	Wasserlöslich; relativ licht-, hitze- und sauerstoffstabil, aber wasserlöslich. Gemüse und Obst nur kurz waschen und in wenig Wasser dünsten. Kochwasser stets mitverwenden
Wichtig für den Stoffwechsel, vor allem den Energiestoffwechsel der Zellen. Mangel führt zu Herzklopfen, Magenschmerzen, Müdigkeit, Kopfschmerzen, Schlaflosigkeit, Ausbleichen der Haarfarbe	Mangel häufig bei hohem Alkoholkonsum oder nach radikalen Diäten	Wasserlöslich; relativ instabil, löslich in Wasser und Alkohol und hitzeempfindlich. Gemüse und Obst nur kurz waschen und garen
Wichtig für Wachstum, Blutbildung, Zellerneuerung und die Kräftigung des Immunsystems. Mangel führt zu rissigen Lippen, Reizbarkeit, Niedergeschlagenheit	Extreme Überdosierung kann zu einer Schädigung des Nervensystems führen. Diese verschwindet, wenn Sie das Vitamin wieder absetzen	

Vitamine

Name	Tagesbedarf	Vorkommen
Folsäure	300 µg; enthalten in 200 g Rote Bete oder 120 g Spinat	Besonders reichhaltig in dunkelgrünem Gemüse, z. B. Rosenkohl, Brokkoli, Wirsing und Endiviensalat; außerdem in Zitrusfrüchten und Bananen
Biotin	30–100 µg; problemlos über die Nahrung aufzunehmen	Reichlich in Milch und Milchprodukten, Gemüse, Eiern, Hülsenfrüchten und Vollkornprodukten
Vitamin B_{12} – Cobalamin	3 µg; enthalten in 100 g Schweineleber, 150 g Hering, 150 g Jogurt oder in 1 Ei	Vor allem in Fleisch, besonders Innereien, auch in Fisch, Eiern und Milchprodukten
Vitamin C – Ascorbinsäure	75 mg; enthalten in 1 Hand voll schwarzen Johannisbeeren, 2 Orangen oder 1 roten Paprikaschote	Ananas, Brombeeren, Erdbeeren, Grapefruit, Himbeeren, Kiwis, Limonen, Melonen, Passionsfrüchte, Preiselbeeren und Zitronen. Rote Bete, Blumenkohl, Brokkoli, Brunnenkresse, Paprika, Möhren, Kohl, Kopfsalat, Petersilie, Rosenkohl, Kresse, Tomaten, Zucchini und Zwiebeln.
Vitamin D – Calciferol	5 µg; enthalten in 1 Ei, 150 g Rotbarsch, 50 g Gouda oder 1 TL Butter	Die Vorstufe Provitamin Ergosterin findet sich in Spinat, Kohl, Getreidesprossen und Sonnenblumenkernen
Vitamin E – Tocopherol	12 mg; enthalten in 100 g Vollkornbrot, 50 g Haselnüssen oder in 1 EL Weizenkeim- oder Maiskeimöl	In geringen Mengen in fast jedem Lebensmittel, vor allem in grünem Blattgemüse. In größeren Mengen: in Weizenkeimen, Vollgetreide, Nüssen, Soja, Hülsenfrüchten (Linsen, Bohnen, Erbsen), Avocados, Brokkoli, Knollensellerie, Möhren, Lauch, grünen Erbsen und Grünkohl
Vitamin K – Phyllochinon	80 µg; enthalten in 200 g Grünkohl/Spinat, 30 g Weizenkeimen oder 100 g Speisequark	Vor allem in grünen Blattgemüsen, in einigen Kohlsorten und in Tomaten

Vitamin D wird normalerweise bei Sonnenbestrahlung vom Körper selbst erzeugt. Im Winter ist jedoch die Zufuhr mit der Nahrung wichtig, um harte Knochen und starke Nerven zu behalten.

Besonderheit	Achtung	Küchentipp
Arbeitet eng mit Vitamin B12 zusammen und dient zur Bildung von Blutzellen. Wichtig für Wachstum und Gesundheit des Nerven- und Verdauungssystems. Mangel führt zu Reizbarkeit, Müdigkeit, Kurzatmigkeit, Schlaflosigkeit, Blutarmut, Verdauungsstörungen	Übermäßige Einnahme führt zu Appetitlosigkeit, Schlafstörungen und Übelkeit	Wasserlöslich; extrem licht- und UV-empfindlich, wasserlöslich. Beim Wässern gehen bis zu 90 %, durch Hitze 50 % verloren. Obst und Gemüse daher möglichst roh essen; das Kochwasser verwenden
Wichtig für den Aufbau von Haut und Haaren		Wasserlöslich; Eier immer erhitzen! Der Körper kann sonst das im Ei enthaltene Biotin nicht verwerten
Wichtig für die Gesunderhaltung des Nervensystems; gemeinsam mit Folsäure für den Aufbau des genetischen Materials und die Bildung roter Blutzellen. Mangel kann zu einer Degeneration von Nerven führen		
Wird vom menschlichen Organismus nicht hergestellt. Wichtig für Bluttransport, Hormone und alle Wachstumsvorgänge. Mangel führt zu Kurzatmigkeit und Zahnfleischbluten. Regelmäßige Einnahme schützt vor Infektionen, stärkt die Abwehr	Bei zusätzlicher Zufuhr (Pulver und Tabletten), Dosis über den Tag verteilen. Nach 4–5 Stunden wird das Vitamin ausgeschieden	Wasserlöslich; hitze-, licht- und sauerstoffempfindlich sowie wasserlöslich. Frisch gepresster Orangensaft hat nach einer Stunde schon ein Drittel weniger Vitamingehalt
Wird in der Haut erzeugt, wenn Sie pro Tag 10 Minuten Sonne tanken. Mangel führt im Alter zu Osteoporose, Bluthochdruck, Muskelschwund, Nervosität	Zu viel Vitamin D (durch Medikamente) kann zu Vergiftungserscheinungen führen. Folgen: Durchfall, Nierenschäden, Arteriosklerose	Fettlöslich
Wirkt stärkend auf Blut, Herz und Kreislauf, fördert den Energiestoffwechsel, sorgt für Gewebewachstum. Bei Männern: steigert die Potenz und schützt vor Unfruchtbarkeit	Bei hohem Blutdruck Extradosen nur nach Rücksprache mit Arzt!	Fettlöslich; licht- und sauerstoffempfindlich. Bei TK-Kost gehen in zwei Monaten über 75 % verloren
Gliedert sich in Vitamin K_1 und K_2 (K_2 wird bei Erwachsenen im Körper gebildet). Lässt kleine Wunden schneller heilen. Mangel führt zu Störungen im Blutbild und bei der Durchblutung	Nur mit Nahrung zu sich nehmen: Kann in hoher Dosis giftig wirken	Fettlöslich; hitzestabil (bis zu 120 °C), aber lichtempfindlich. Deshalb: Salate zur Lagerung immer dunkel halten

Deutschland gehört zu den Ländern mit ausgeprägtem Jodmangel. Erkrankungen der Schilddrüse sind daher relativ häufig. Achten Sie ganz besonders auf eine ausreichende Jodaufnahme.

Mineralstoffe

Name	Tagesbedarf	Vorkommen
Chrom	30 bis 100 µg; enthalten in 100 g Linsen oder 100 g Vollkornbrot	Vor allem in Melasse, Roter Bete, Möhren und Kresse enthalten
Eisen	10 mg; enthalten in 100 g Schweineleber, 200 g Fenchel, 100 g Roggenvollkornbrot oder 200 g Brokkoli	Vor allem in Eiern, Naturreis, Vollkornprodukten, Hülsenfrüchten und Kartoffeln
Jod	200 µg; über Nahrung wird zu wenig zugeführt!	Vor allem in Seefisch, Milch, Kohl, Eiern, Spargel, Spinat, Knoblauch, Kresse, Artischocken, Tomaten, Erdbeeren, Blaubeeren und Trauben
Kalium	2 g; enthalten in 200 g Spinat, $^{1}/_{4}$ l fettarmer Milch, 200 g Weintrauben oder 75 g Linsen (Trockenware)	In Milch, Bananen, Johannisbeeren, Honigmelonen, Trockenobst, Spinat und Grünkohl
Kalzium	1200 mg; enthalten in 1 Becher Joghurt, 200 ml Milch, 40 g Emmentaler oder 1 Portion (150 g) Eis	Vor allem in Schnittkäse, Ölsardinen, Nüssen, aber auch in Grünkohl, Spinat, Vollmilch und Vollmilchjoghurt
Kupfer	1 bis 1,5 mg; enthalten in 50 g Nüssen, 75 g Miesmuscheln, 125 g Weizenkleie oder 150 g Pilzen.	In Vollkornprodukten, Rote Bete, Kakao und Johannisbeeren, auch in Schokolade
Magnesium	350 mg; enthalten in 150 g Weizenvollkornbrot, 50 g ungesalzenen Erdnüssen, 200 g Kartoffeln, 150 g Hühnerbrust oder $^{1}/_{4}$ l Milch.	In Kakao, Weizenkeimen, Sojamehl, Reis (unpoliert), Tee, Mandeln, Erd- und Haselnüssen, weißen Bohnen; außerdem in vielen Mineralwässern
Mangan	3 mg; enthalten in 50 g Haferflocken, 80 g Weizenkleie, 150 g Hülsenfrüchte oder 300 g Reis	Vor allem in Nüssen, Keimen, Vollkornprodukten, Tee und grünem Blattgemüse
Natrium	Bis zu 10 g	Wesentlicher Bestandteil von Kochsalz. Außerdem in Milch, Sellerie, Kohl und Rettich enthalten
Phosphor	800 mg; durch die tägliche Ernährung gedeckt	In Milch, Vollkornprodukten, allen Sprossen, Knoblauch, Johannisbeeren, Kohl und Himbeeren enthalten
Selen	30 bis 70 µg; enthalten in 100 g Kalbfleisch und 1 Eigelb oder 100 g Hühnchenfleisch und 100 g Roggenbrot	Vor allem in Vollmilch, Quark, Vollkornprodukten, Naturreis, Brokkoli, Zwiebeln und Knoblauch
Zink	15 mg; enthalten in 150 g Rindfleisch, 50 g Emmentaler oder 20 g Sonnenblumenkernen	Vor allem in Milch, Vollkornprodukten, Kürbiskernen, Sprotten, Wurzelgemüse, Pfirsichen und grünem Blattgemüse

Besonderheit	Achtung
Zuständig für die Regulierung des Blutzuckerspiegels	Gestresste und ältere Menschen haben erhöhten Chrombedarf!
Hilft bei der Blutbildung und der Sauerstoffversorgung	Wichtig für Leistungssportler und all jene, die häufig Blut spenden
Fördert die Schilddrüsenfunktion und verhindert die Bildung eines Kropfes	In unseren Breitengraden nimmt man mit der Nahrung meist zu wenig Jod auf, deshalb sollte man grundsätzlich mit Jodsalz würzen
Zuständig für Wasserhaushalt, Muskelarbeit und für den Stoffwechsel	Wer extrem viel schwitzt – etwa beim Sport oder in der Sauna – sollte auf ausreichende Kaliumzufuhr achten!
Zuständig für die Blutbildung, die Muskelarbeit, die Knochen und für die Zahnsubstanz	Wichtig für alle Ausdauersportarten
Zuständig für den Eisentransport und den Stoffwechsel des Bindegewebes	Raucher haben einen erhöhten Kupferbedarf!
»Anti-Stress-Mineral«, denn es hemmt Erregungsvorgänge an Nerven und Muskeln. Wichtig für Knochenaufbau und Zähne, für die Regulierung des Stoffwechsels und für die Muskeln. Mangel führt oft zu Krämpfen und Muskelzuckungen	Wichtig für alle, die dauerhaften Leistungssport bzw. schwere körperliche Arbeiten verrichten, bei erhöhten Belastungen und Stress, Bluthochdruck, Herzkrankheiten und hohem Alkoholkonsum
Nötig für den Fettstoffwechsel	Wer raucht und viel Alkohol trinkt, braucht mehr Mangan!
Zuständig für die Regulierung des Wasserhaushalts, für die Muskelarbeit und den Stoffwechsel	Zu viel Natrium erhöht den Blutdruck und verursacht Herz-Kreislauf-Störungen
Zuständig für Wachstum und Stoffwechsel	
Wichtiges Schutzelement zur Krebs- und Infarktabwehr	Raucher und alte Menschen brauchen mehr Selen!
Zuständig für den Protein- und Kohlenhydrate-Stoffwechsel	

Flüssige Dickmacher

Genießen Sie es auch, einen anstrengenden Tag mit einem »kühlen Blonden« zu beschließen?! Vielleicht spülen Sie den Alltagsfrust auch gern mal schnell mit einem »Kurzen« hinunter. Das ist kein Problem für Ihre Figur (und Gesundheit!) – wenn Sie's nicht zur Gewohnheit werden lassen und regelmäßig zum Alkohol greifen. Auch wenn es noch so gut schmeckt – Alkohol ist Gift für die schlanke Linie. Wenn Sie weniger essen, um abzunehmen, müssen Sie zwar sehr viel trinken, dabei sollten Sie sich jedoch auf Mineralwasser und ungesüßte Säfte beschränken.

Vorsicht beim »kleinen Bierchen«

Nach dem Spitzenreiter Fett steht Alkohol in der Rangliste der Dickmacher auf dem zweiten Platz. Deshalb: Finger weg vom Schoppen Wein, vom Glas Bier, vom Stamperl Schnaps, wenn die Waage zu viele Kilos anzeigt! Aber selbst wenn Sie sich bewusst und ausgewogen ernähren, tut Alkohol nicht gut: Mit seiner Hilfe wird Fett im Organismus besser gespeichert, damit erhöht er das Risiko für Übergewicht.

Verführung zum Schlemmen

Zwar verringert erhöhter Alkoholkonsum die Aufnahme anderer Nahrungsenergien, weil Alkohol objektiv gesehen satt macht und Sie darum weniger essen. Aber dies kommt nicht Ihrer schlanken Linie zugute – ganz das Gegenteil ist der Fall: Alkoholische Getränke liefern viel Energie, was Sie letztendlich auf der Waage wiederfinden. Außerdem verführt Alkohol häufig zum Schlemmen, denn wenn man Alkohol trinkt, hat man vielleicht weniger echten Hunger, dafür bekommen viele Appetit. Und mit ein paar Bier oder Wein intus greift man gerne zu Chips oder anderen pikanten Kalorienbomben.

Bei regelmäßigem Alkoholkonsum kann unser Körper bestimmte Vitamine nicht mehr so gut oder gar nicht aufnehmen.

Für den gesunden Alkoholkonsum gibt es folgende Faustregel: Nehmen Sie pro Tag – aber nicht täglich! – nicht mehr als 40 Gramm zu sich. Dies entspricht einem halbem Liter Weißwein oder einem Liter Bier.

Aperitif gefällig?

Eine Untersuchung der Universität Maastricht zeigt: Wer vor dem Essen Alkohol trinkt, isst anschließend mehr als jemand, der Saft, Mineralwasser oder andere alkoholische Getränke vorzieht. In der niederländischen Studie wurden 52 Probanden vor dem Essen verschiedene Getränke angeboten. Die einen bekamen einen alkoholhaltigen Aperitif, die anderen Wasser oder verschiedene Säfte zu trinken. Anschließend durften die Versuchspersonen so viel essen, wie sie wollten. Das Ergebnis: Die Alkoholtrinker aßen mehr und länger. Ihr Sättigungsgefühl stellte sich deutlich später ein als bei der Kontrollgruppe. Ein Aperitif vor dem Essen hat also negative Folgen für Ihre schlanke Linie – und zwar nachhaltig, denn die Studie ergab noch etwas: Die Freunde eines Aperitifs schränkten ihre Esslust auch bei der nächsten Mahlzeit nicht ein. Die durchschnittlich aufgenommene tägliche Kalorienmenge war größer als die der Abstinenzler.

Ein Glas Weißwein pro Tag dürfen Sie sich, auch wenn Sie abnehmen möchten, ohne schlechtes Gewissen gönnen.

Ein Schlückchen in Ehren …

Alkohol sollten Sie stets nur in Maßen zu sich nehmen – und harte Drinks lassen Sie, wenn Ihnen Ihre Gesundheit wichtig ist, am besten ganz weg. Allerdings ist Alkohol nicht so schlecht wie sein Ruf, er kann sogar gesund sein. Französische Wissenschaftler entdeckten, dass bestimmte Inhaltsstoffe des Weins (die Polyphenole) den Kreislauf aktivieren. Diese Stoffe sind jedoch auch in Trauben und somit auch im Traubensaft enthalten. Man könnte die gesundheitsfördernde Wirkung also ebenso auf alkoholfreiem Wege erzielen.

Kleinere Mengen Alkohol schaden der Figur nicht: Pro Tag ein Glas Weißwein (0,2 l = 130 kcal) oder ein Fläschchen Bier (0,33 l = 130 kcal) sind auch bei einer Diät erlaubt. Vielleicht fällt es manchen von Ihnen auch leichter, die »magere Zeit« durchzustehen, wenn Sie sich auf ein Glas Wein oder Bier freuen können.

Trinkend abnehmen

Unser Körper besteht zu 50 bis 60 Prozent aus Wasser; in den Muskeln stecken bis zu drei Vierteln Wasser, und im Blut sind sogar 90 Prozent Wasser enthalten. Deshalb ist Wasser der wichtigste Nährstoff überhaupt – so unwahrscheinlich Ihnen das vorkommen mag. Er bringt Ihrem Organismus zwar keinerlei Energie, denn Wasser ist kalorienfrei, aber es gibt andere Gründe, warum Sie ohne Wasser nicht (über)leben können:

Wenn Sie weniger essen, bekommt Ihr Körper auch weniger Wasser. Darum müssen Sie bei einer Diät darauf achten, genug zu trinken.

- Wasser lässt die Speisen aufquellen und sorgt dafür, dass sie im Darm fortbewegt werden.
- Wasser löst die Nährstoffe (z. B. die wasserlöslichen Vitamine) aus der Nahrung und transportiert sie über das Blut in alle Körperzellen und Organe.
- Wasser entsorgt viele Abfallprodukte des Stoffwechsels, die dann über die Nieren ausgeschieden werden.

Allein deshalb sollten Sie täglich eineinhalb bis zwei Liter Flüssigkeit zu sich nehmen. Wenn Sie Sport treiben, sollte es noch mehr sein, denn dann verlieren Sie durchs Schwitzen viel Flüssigkeit. Auch salz- und sehr eiweißhaltige Speisen, Fieber, Erbrechen oder Durchfall sowie sommerliche Temperaturen lassen den Flüssigkeitsbedarf ansteigen.

Warum muss man bei einer Diät viel trinken?

Für Abnehmwillige ist es besonders wichtig, viel zu trinken, denn wenn Sie weniger essen, bekommt Ihr Körper automatisch weniger Flüssigkeit, da in jedem Nahrungsmittel auch Wasser enthalten ist (in Obst und Gemüse sogar 40 bis 70 Prozent). Ihr Körper braucht aber sein Quantum an Wasser, und Sie müssen es ihm geben – während einer Diät eben durch extra viel Flüssigkeit. Zwei bis drei Liter am Tag zu trinken sind das Minimum während einer Diät, also deutlich mehr als sonst! Suchen Sie sich aus der gegenüberliegenden Tabelle die Getränke aus, die besonders wenige Kalorien enthalten. Gerade Obstsäfte sind besonders lecker und erfrischend, wenn man sie mit Mineralwasser mischt und als Schorle genießt. Diätgetränke sind übrigens nicht kalorienfrei. Beispielsweise enthält $^1/_4$ Liter Diätfrucht »C« von Vitaborn 54 Kilokalorien, $^1/_4$ Liter Diät Fruchtsäfte von Rabenhorst enthalten je nach Sorte 55 bis 75 Kilokalorien. Weil Limonaden und ähnliche Getränke sehr zuckerhaltig sind, sollten Sie darauf verzichten, wenn Sie ein paar Kilos abnehmen wollen. Und auch Kaffee oder Tee sind nicht kalorienarm, selbst dann nicht, wenn man sie »schwarz« genießt. Mit Milch und Zucker sollten Sie besser ganz darauf verzichten.

Alkoholfreie Getränke

Obstsäfte (0,1 l)	Kilokalorien
Ananas	43
Apfel	54
Brombeeren	35
Erdbeeren	30
Grapefruit	26
Grapefruitsaft (Dose, gesüßt)	70
Heidelbeeren	50
Holunderbeeren	32
Johannisbeere rot	40
Johannisbeere schwarz	34
Kirschen	47
Mandarine	45
Maracuja, gesüßt	58
Orangen	26
Pfirsich	45
Pflaumen	45
Sanddorn	25
Trauben rot	76
Trauben weiß	71
Zitronen	10

Gemüsesäfte (0,1 l)	Kilokalorien
Blumenkohl	20
Brunnenkresse	9
Gurken	9
Möhren	36
Kohl	22
Petersilie	22
Rettich	19
Rote Bete	36
Sauerkraut	5
Spinat	14
Tomaten	19
Zwiebel	34

Limonaden ($^1/_4$ l)	Kilokalorien
Cola-Getränke	100–112
Cola light	1
Hohes C	40
Limonaden	100–115
Limonade kalorienreduziert	8–18
Nestea Citrone/ Hibiskus (1 TL)	20
Tonic Water	75
Zitronenteegetränk, instant	81

Mineralwasser ist immer noch die gesündeste Art, den Durst zu löschen.

Flüssige Kalorienbömbchen

Ein Blick auf die folgende Tabelle dürfte genügen, und Sie wissen, warum Sie Alkohol gerade während einer Diät besser meiden sollten.

Während einer Diät sollten Sie alkoholische Getränke auf ein Minimum reduzieren.

Alkoholische Getränke

Biere (1/4 l)	Kilokalorien
Altbier	133
Doppelbock	166
Export	116
Märzen	118
Weizenbier (1/2 l)	226
Alkoholfreies Bier	70
Bier (3 %)	73
Helles Bier	118
Dunkles Bier	120
Altbier Diät (0,33 l)	136
Bockbier	125
Malzbier (Nährbier)	146
Pils	115
Diätpils	75

Liköre (2 cl)	Kilokalorien
Brombeerlikör	63
Eierlikör	70
Kaffeelikör	60
Kroatzbeere	62
Kümmellikör	53
Pernod	51
Wermut, trocken (0,1 l)	105
Wermut, süß (0,1 l)	165

Weine ($^1/_4$ l)	Kilokalorien
Apfelwein	96
Beaujolais	200
Bordeaux	280
Burgunder	200
Chablis	200
Chateauneuf du Pape	225
Chianti	200
Marsala (5 cl)	50
Most	130
Muskateller	200
Portwein (5 cl)	80
Rheinwein, weiß	170
Rheinwein, rot	190
Roséwein	165
Rotwein im Durchschnitt	190
Sekt/Champagner	175–205
Sherry (5 cl)	65
Weißwein im Durchschnitt	175
Wermut (5 cl)	60–80

Spirituosen (2 cl)	Kilokalorien
Aquavit	39
Cognac/Weinbrand	50–55
Gin	50
Rum 38 %	64
Rum 40 %	67
Rum 45 %	75
Rum 54 %	91
Whisky	48
Wodka	53

Kräutertee statt Röstkaffee

Ihren Kaffeekonsum sollten Sie, wie bereits erwähnt, während einer Diät ebenfalls möglichst einschränken, vor allem, wenn Sie Ihren Kaffee mit Milch und Zucker trinken. Das gilt auch für Tee – mit Ausnahme von Kräuter- und Früchtetees, diese können Sie (ungesüßt) in rauen Mengen trinken!

Heiße Getränke

Kaffee/Tee ($^1/_4$ l)	Kilokalorien
Caro Landkaffee	5
Filterkaffee	0
Filterkaffee mit je 1 TL Milch und Zucker	44
Malzkaffee	6
Mokka mit Milch und Zucker (1 kl. Tasse)	30
Nescafé	0
Nescafé mit Milch	8
Nescafé mit Milch und Zucker	40
Nescafé Cappuccino	50
Tee	0
Tee mit 1 TL Milch	6
Tee mit je 1 TL Milch und Zucker	44

Milch macht müde Männer munter

Milch liefert sehr viele wertvolle Nährstoffe und Vitamine, unter anderem Riboflavin (Vitamin B_2), das den Stoffwechsel in Schwung bringt und Energie liefert. Wenn Sie abnehmen wollen, sollten Sie allerdings zu den fettarmen Sorten oder zu Buttermilch greifen.

Fettarme Milch, Joghurt oder Buttermilch sind die idealen Muntermacher bei einer Diät.

Milch und Milchmixgetränke

	Kilokalorien
Buttermilch ($^1/_4$ l)	90
Kakao mit Milch und Zucker ($^1/_8$ l)	130
H-Kakao, trinkfertig (0,1 l)	55

Milch und Milchmixgetränke (Fortsetzung)	
	Kilokalorien
H-Milch, 3,5 % Fett (0,1 l)	65
H-Milch, 1,5 % Fett (0,1 l)	35
H-Milch mit Fruchtgeschmack (0,1 l)	67
Sauermilch (0,1 l)	66
Trinkjoghurt (0,1 l)	66 – 74

Diätfreundliche Getränke auf einen Blick

Während Ihrer Diät sollten Sie Getränke bevorzugen, die den Organismus gut durchspülen, Ihren Körper aber nicht belasten oder ihm gar schaden.

- Mineralwasser mit wenig Kohlensäure: Wenn Ihnen Mineralwasser pur zu langweilig schmeckt, können Sie einen Schuss Zitronensaft, ein Schlückchen Weißwein oder Obstessig hineingeben. Vor allem Obstessig bringt den Stoffwechsel in Schwung!
- Kräuter- oder Früchtetees ohne Zucker schmecken heiß ebenso gut wie kalt. Im Sommer sind sie sehr erfrischend.
- Naturreine Gemüsesäfte können Sie selbst herstellen, wenn Sie einen Entsafter besitzen. Sie sind kalorienarm und sehr gesund – aber bitte niemals auf Vorrat zubereiten, da sonst zu viele Vitamine verloren gehen.
- Gemüsebrühe gibt's als Instantprodukt (ideal fürs Büro), Sie können sie aber auch selbst zubereiten. Achten Sie darauf, dass die Gemüsebrühe nicht zu viel Salz enthält.
- Naturreine Obstsäfte (100 % Fruchtgehalt, ohne Zuckerzusatz) können Sie kaufen oder selbst herstellen. Selbst gepresste Säfte sind den gekauften grundsätzlich vorzuziehen, aber auch hier gilt: Immer nur so viel zubereiten, wie Sie direkt trinken möchten. Nur dann bleiben alle Vitamine und Vitalstoffe erhalten.
- Fettarme Milch oder Buttermilch können Sie mit einem Schuss Obstsaft verfeinern.

Achten Sie beim Einkauf immer darauf, dass Obstsäfte keinen Zuckerzusatz enthalten!

Gesund und schnell abnehmen

»Selbst ist der Mann!« – nach diesem Motto stellt sich so mancher Mann gerne in die Küche und zaubert Leckereien. Wer mit etwas Fantasie an die Sache heran geht, wird schnell merken, dass Kochen keine geheimnisvolle Kunst ist, sondern selbst nach einem harten Arbeitstag richtig entspannend sein kann. Vielleicht bekommen Sie Lust, ein wenig zu experimentieren und Ihre eigenen Rezepte zu kreieren? In diesem Kapitel bekommen Sie zunächst ein paar allgemeine Küchentipps, dann gibt es leckere und leicht nachzukochende Rezepte für Singles, für Paare und für Familienväter.

Rund ums Einkaufen und Kochen

Einkaufen: Planung ist alles

Vor allem, wenn Sie als Berufstätiger unter großem Zeitdruck einkaufen müssen, können Sie mit der richtigen Planung Zeit, Geld und Kalorien sparen.

• Machen Sie sich die (kleine) Mühe und stellen Sie einen Speiseplan auf. An den sollten Sie sich weitestgehend halten, doch seien Sie flexibel, wenn Sie im Lebensmittelgeschäft Frische- oder Sonderangebote entdecken.

• Obst und Gemüse sollte möglichst frisch und wenig belastet sein. Kaufen Sie auf dem Markt oder in einer guten Frischeabteilung des Supermarkts.

Kaufen Sie möglichst wenig Konserven und viel frisches Obst und Gemüse – Ihrer Gesundheit zuliebe!

• Überprüfen Sie bei Fertiggerichten und Konserven genau die Inhaltsstoffe. Oft enthalten Fertiggerichte sehr viel Salz und Fett, immer viele Konservierungs-, Farb- und andere Zusatzstoffe, dafür nur wenig Vitamine und Mineralstoffe. Fertiggerichte sollten immer nur Ergänzung sein und nicht über längere Zeit als Hauptnahrungsmittel dienen!

• Achten Sie bei Tiefkühlkost auf Gefrierbrand! Und schauen Sie sich die Gefriertruhe im Geschäft gut an: Ist sie sauber? Kühlt sie gut? Liegen die Waren sortiert aus? Wenn nicht – Finger weg!

• Greifen Sie bei Brot stets zu Vollkornprodukten. Sie enthalten wesentlich mehr Nährstoffe und Mineralien als Weißbrot. Bedenken Sie: Vollkornbrot muss aus 100 Prozent vollem Korn bestehen, Vollkornbrötchen nur zu 30 Prozent.

• Lesen Sie bei zubereiteten Milchprodukten – wie Früchtejoghurt und -quark – die Inhaltsstoffe genau durch. Oft sind Farbstoffe und zu viel Zucker enthalten.

• Achten Sie auf das Mindesthaltbarkeitsdatum – es sollten immer Tag, Monat und Jahr genannt sein. Aber: Dies ist kein Verfallsdatum, die Produkte können noch einige Tage länger haltbar sein, wenn sie richtig gelagert werden.

• Natürlich kaufen Sie Obst und Gemüse am besten in der Jahreszeit ein, in der sie Saison haben, d. h. in der sie keinen langen Flug hinter sich haben, sondern frisch auf den Markt kommen.

Obst und Gemüse schmeckt am besten, wenn es auch bei uns Saison hat – also frisch geerntet angeboten wird.

Obst und Gemüse – alles zu seiner Saison

Obst

Sorte	**Monat des Hauptangebots**
Äpfel	Januar bis März, September bis Dezember
Aprikosen	Ende Mai bis Anfang September
Birnen	August bis Oktober
Brombeeren	Ende Juli bis Anfang Oktober
Erdbeeren	ab Mai bis Juli
Himbeeren	Juni bis Juli
Holunderbeeren	Ende September bis Anfang November
Johannisbeeren	Juli und August
Kirschen	Ende Mai bis August
Melonen	Juni bis Oktober
Pfirsiche/Nektarinen	Juni bis August
Pflaumen	Juli bis September
Preiselbeeren	August bis Oktober
Quitten	September bis November
Stachelbeeren	Juni bis August
Weintrauben	Juli bis September

Alles hat seine Zeit – so schmeckt z. B. ein leckerer Grünkohleintopf in der Vorweihnachtszeit am besten, während Tomaten mit Mozzarella ein ausgesprochenes Sommergericht sind.

Obst und Gemüse – alles zu seiner Saison (Fortsetzung)

Gemüse

Sorte	Monat des Hauptangebots
Artischocken	April/Mai
Auberginen	Mai bis August
Bataviasalat	Mai bis September
Bleichsellerie	Januar bis Dezember
Blumenkohl	März/April, Juli bis Oktober
Brokkoli	Juli bis Oktober
Champignons	Januar bis Dezember
Chicorée	Januar bis April, November/Dezember
Chinakohl	Januar bis März, Oktober bis Dezember
Eichblattsalat	Mai bis September
Einlegegurken	August bis Oktober
Eisbergsalat	Mai bis Oktober
Endiviensalat	September bis November
Feldsalat	Oktober bis Dezember
Fenchel	Januar bis Juni, September bis Dezember
Grüne Bohnen	Juli bis September
Grüne Erbsen	Juni bis August
Grünkohl	Januar/Februar, November/Dezember
Knollensellerie	Januar bis März, Oktober bis Dezember
Kohlrabi	Juni/Juli, Oktober
Kopfsalat	März bis Oktober
Kürbis	August bis November
Lauch	Januar bis März, August bis Dezember
Lollo Rosso	Mai bis September
Meerrettich	März bis Mai, November/Dezember
Möhren	Januar bis Mai, Dezember
Paprika	Juni bis November
Petersilie	Januar bis Dezember

Radieschen	Mai bis Juli
Rettich	Mai bis Oktober
Rhabarber	April bis Juni
Rosenkohl	Januar/Februar, November/Dezember
Rote Bete	Januar/Februar, Oktober bis Dezember
Rotkohl	Januar bis März, Juli bis Dezember
Salatgurken	März bis Dezember
Schwarzwurzeln	Dezember
Spargel	April bis Juni
Spinat	März bis Mai, September und Oktober
Tomaten	April bis November
Weißkohl	Januar bis April, Oktober bis Dezember
Wirsing	Januar bis Mai, Oktober bis Dezember
Zucchini	Juni bis November
Zwiebeln	Januar bis Mai, August bis Dezember

Obst und Gemüse einkaufen

• Kaufen Sie nur ganz frisches Obst und Gemüse. Es sollte keine braunen Stellen oder welke Blätter haben.

• Fertig geschnittenen und abgepackten Salat auf jeden Fall liegen lassen: Viele Vitamine sind licht- und sauerstoffempfindlich. Bis Sie solchen Salat zu Hause essen, ist sein Vitaminwert gleich Null!

• Nicht unbedingt auf die Handelsklassen achten. Sie sind nur wichtig für das Aussehen der Waren, nicht aber für die gesunden Inhaltsstoffe von Obst und Gemüse. Wurzelgemüse (z. B. Möhren, Sellerie) müssen fest sein. Pilze müssen fest und trocken sein.

• Sie sollten grundsätzlich keine in Folie verpackte Ware kaufen. Darin wird sie leichter faulig.

Die Vorteile von Tiefkühlkost

Gerade für Berufstätige bieten tiefgekühltes Gemüse und Obst eine willkommene und vor allem gesunde Alternative. Natürlich sollten Sie nicht nur »aus der Tiefkühltruhe« leben, aber wer wenig Zeit hat, kann sich das Kochen damit erleichtern. Außerdem können Sie bei Tiefkühlware sicher sein, dass relativ viele Vitamine und Mineralstoffe erhalten geblieben sind – auf jedem Fall mehr als bei Konserven und Fertiggerichten, denn Gemüse, Obst und Kräuter werden sofort nach der Ernte schockgefrostet. Untersuchungen haben sogar ergeben, dass Tiefkühlkost vitaminreicher ist als Salat, Obst oder Gemüse, das Sie zwar frisch auf dem Markt kaufen, aber erst nach Stunden oder Tagen verarbeiten und essen.

Gemüse, Kräuter und Obst haben auch als Tiefkühlkost noch sehr viele gesunde Inhaltsstoffe.

Vorsicht bei »light«-Produkten!

Wer glaubt, dass »light«-Produkte schlank machen, liegt leider falsch. Wenn Sie nämlich einen Blick aufs Etikett werfen und die dort angegebenen Kalorienwerte mit denen von »normalen« Nahrungsmitteln vergleichen, wird Ihnen schnell klar: In vielen Fällen hat das »light«-Produkt keineswegs weniger Kalorien!

Das liegt unter anderem daran, dass die Begriffe »light« oder »leicht« weder gesetzlich definiert noch geschützt sind. »Light«-Produkte können sogar eine echte Falle sein. Denn sie sättigen oft weniger als »normale« Lebensmittel. Und deshalb neigt man dazu, mehr davon zu essen, um richtig satt zu werden. Die Folge: Sie nehmen im Endeffekt mehr an Kalorien zu sich als mit einem vergleichbaren, aber eben nicht »leichten« Lebensmittel.

Auf echten »schlanken« Nahrungsmitteln finden Sie einen der folgenden Vermerke:

- »Kalorienreduziert«: das bedeutet, mindestens 40 Prozent weniger Kilokalorien als ein vergleichbares Produkt.
- »Fettreduziert«: das bedeutet, mindestens 40 Prozent weniger Fett als vergleichbare Nahrungsmittel.
- »Kalorienarm«: das bedeutet, nicht mehr als 50 Kilokalorien pro 100 g Nahrungsmittel; für Suppen, Getränke und Brühen gilt hier sogar ein Wert von 20 Kilokalorien je 100 Milliliter.

So bekommen Sie die Zutaten in den Griff

Wer Küchenerfahrung hat, kocht meist »aus dem Handgelenk«. Will heißen: Sie wissen, welche Mengen nötig sind, damit alles gut schmeckt. Diese legere Handhabung sollten Sie sich allerdings in der Zeit abgewöhnen, in der Sie besonders auf Ihre Linie achten. Der kleine Klecks Butter entpuppt sich bei genauem Nachwiegen nämlich gerne als gut 40 Gramm, der Schuss Öl in die Pfanne als drei bis vier Esslöffel. Gewöhnen Sie sich an, mit Löffeln abzumessen, dann können Sie sich nicht mehr verschätzen.

Das passt in einen Löffel

Nahrungsmittel	1 gestrichener EL	1 gehäufter EL	1 gestrichener TL
Öl, zerlassenes Fett	10 g	–	4 g
Zucker	15 g	20–25 g	5 g
Puderzucker	10 g	20 g	4 g
Salz	15 g	–	5 g
Mehl	10 g	20 g	4 g
Speisestärke	10 g	15–20 g	3 g
Semmelbrösel	10 g	20 g	5 g
Grieß, Reis, Graupen	15 g	20 g	–
Haferflocken	10 g	15 g	–
Käse gerieben	10 g	15 g	–
Backpulver	–	–	4 g

Vorsicht Fett!

- Sparen Sie vor allem bei den »sichtbaren« Fetten.
- Wenn Sie selbst kochen, verwenden Sie weniger Butter, Margarine oder Öl.
- Sahne und Crème fraîche sind tabu, nehmen Sie stattdessen Milch und saure Sahne.
- Gewöhnen Sie sich möglichst fettarme Rezepte und Zubereitungsarten an.
- Garen Sie möglichst ohne oder mit wenig Fett in entsprechendem Kochgeschirr wie etwa dem Römertopf.
- Halten Sie sich außerdem an fettarme Garmethoden wie Grillen, Dünsten und Garen in der Bratfolie und in Alufolie.
- In Teflonpfannen können Sie wunderbar fettarm braten.
- Nach dem Anbraten des Fleisches gießen Sie das Fett aus der Pfanne ab.
- Entfetten Sie Saucen, indem Sie das Fett mit Küchenpapier von der Oberfläche absaugen. Wenn Sie Zeit genug haben, lassen Sie die Flüssigkeit im Kühlschrank erkalten und schöpfen das fest gewordene Fett dann ab.

Mit der Zeit gewöhnt sich der Gaumen an fettarme Speisen. Sie werden feststellen, dass Sie fette Saucen, Wurst und dick Butter auf dem Brot nicht mehr mögen werden.

Mengenverhältnisse

Unsere Rezepte in diesem Kapitel sind für eine, zwei oder vier Personen berechnet. Sie müssen also, je nachdem, für wie viele Personen Sie kochen, die Lebensmittelmengen entsprechend verändern.

Die besten Rezepte für Singles

Die Zutaten der folgenden Rezepte sind jeweils für eine Person berechnet. Selbstverständlich können Sie alles auch für mehrere Personen zubereiten.

Seelachsfilet mit Püree

Für 1 Person

1 Portion enthält:
460 Kilokalorien
16 g Fett
33 g Kohlenhydrate
45 g Eiweiß

1 Tasse Brühe (etwa 1/4 l)
100 g Knollensellerie
200 g Kartoffeln
200 g Seelachsfilet
Zitronensaft
Salz
Öl oder Butter für die Pfanne
3 EL warme fettarme Milch
Pfeffer aus der Mühle
Petersilie

1. Die Brühe in einem Topf erhitzen.
2. Sellerie und Kartoffeln waschen, schälen und in kleine Würfel schneiden. In die Brühe geben und etwa 10 Minuten kochen.
3. Inzwischen den Fisch säubern, mit etwas Zitronensaft beträufeln und salzen.
4. Die Pfanne mit Öl oder Butter auspinseln, erhitzen und den Fisch darin bei mittlerer Hitze braten.
5. Von den inzwischen garen Kartoffeln und dem Sellerie die Brühe abgießen, alles mit dem Kartoffelstampfer zerdrücken. Wenn das Püree zu trocken ist, etwas Milch dazugeben. Das Püree mit Salz und Pfeffer abschmecken, die Petersilie unterrühren.

Tipp

Kräuter können Sie sowohl frisch wie auch tiefgekühlt verwenden. Es gibt in jedem Supermarkt eine große Auswahl an Kräutern und Kräutermischungen im Tiefkühlschrank.

Seeteufel auf Gemüse

Für 1 Person

1 Portion enthält:
449 Kilokalorien
10 g Fett
16 g Kohlenhydrate
46 g Eiweiß

250 g Seeteufel
Zitronensaft
Pfeffer aus der Mühle
300 g gemischtes TK-Gemüse nach Belieben
150 ml Weißwein
1 TL Öl
2 EL gemischte Kräuter
Salz

1. Den Fisch waschen, trockentupfen, mit Zitronensaft beträufeln, pfeffern und beiseite stellen.
2. Das Gemüse nach Packungsaufschrift zubereiten, allerdings statt Wasser den Wein zugeben.
3. Das Öl in einer kleinen Pfanne erhitzen und den Fisch darin bei mittlerer Hitze von beiden Seiten anbraten. Einige Minuten fertig garen.
4. Die Kräuter unter das Gemüse rühren, mit Pfeffer und Salz abschmecken.

Tipp

Statt den Fisch anzubraten, können Sie ihn auch auf das Gemüse legen und mitdünsten. So wird er schonend und fettfrei zubereitet.

Zwiebelfisch

Für 1 Person

1 Portion enthält:
365 Kilokalorien
13 g Fett
12 g Kohlenhydrate
44 g Eiweiß

250 g Zwiebeln
10 g Butter
200 g Seezungenfilet
Zitronensaft
3 EL trockener Weißwein
1 TL mittelscharfer Senf
Pfeffer aus der Mühle
Salz
1 EL gehackter Dill

1. Den Backofen auf 200 °C vorheizen (Umluft 180 °C, Gas Stufe 3–4).
2. Die Zwiebeln schälen und in Ringe schneiden.
3. Die Butter in einer feuerfesten Form erhitzen und die Zwiebelringe darin 5 Minuten dünsten.
4. In der Zwischenzeit den Fisch abwaschen, trockentupfen und mit Zitronensaft beträufeln.
5. Die Zwiebelringe mit Wein ablöschen, mit Senf, Pfeffer und Salz abschmecken. Den Dill einrühren.

6 Den Fisch mit Salz und Pfeffer würzen, auf die Zwiebelringe legen und bei geschlossenem Deckel 20 bis 25 Minuten im Backofen garen.
7 Dazu schmeckt Kartoffelpüree.

Leberpfanne

Für 1 Person

1 kleine Zwiebel
Öl für die Pfanne
150 g Leber (vom Kalb)
200 g Tomaten aus der Dose
Salz
200 g Gnocchi
1 Knoblauchzehe
3 EL Rotwein
Pfeffer aus der Mühle

1 Portion enthält:
658 Kilokalorien
21 g Fett
69 g Kohlenhydrate
42 g Eiweiß

1 Die Zwiebel schälen und fein würfeln. Das Öl in einer Pfanne erhitzen und die Zwiebel darin andünsten.
2 Die Leber waschen, trockentupfen, in Streifen schneiden und ein paar Minuten unter ständigem Rühren gut anbraten.
3 Die Tomaten etwas zerkleinern und zugeben.
4 Salzwasser zum Kochen bringen. Die Gnocchi hineingeben, nach Gebrauchsanweisung garen.
5 Den Knoblauch schälen, pressen und zur Leber geben. Einen Schuss Rotwein dazugießen und das Ganze kurz aufkochen lassen.
6 Die Leber mit Pfeffer abschmecken, die Gnocchi abgießen und unter die Leber rühren.

Tipp

Die Leber erst nach dem Garen, am besten bei Tisch, salzen – sie wird sonst hart. Zur Leberpfanne schmeckt Radicchiosalat.

Geschnetzeltes mit Naturreis

Für 1 Person

1 Portion enthält:
849 Kilokalorien
11 g Fett
123 g Kohlenhydrate
57 g Eiweiß

1 rote Paprikaschote
1 Zwiebel
1 Tasse Naturreis (150 g)
1 Knoblauchzehe
Öl für die Pfanne
150 g Rinderfilet
3 EL trockenen Rotwein
Paprikapulver süß
1 EL saure Sahne
Pfeffer aus der Mühle
Salz
2 EL Petersilie

1. Etwa $^{1}/_{4}$ Liter Wasser (2 Tassen) in einem Topf zum Kochen bringen.
2. Inzwischen die Paprikaschote halbieren, den Strunk entfernen, die Kerne auswaschen. Die Zwiebel schälen und fein würfeln.
3. Den Reis in das kochende Wasser einrühren, 20 Minuten bei kleiner Hitze und halb geschlossenem Deckel garen.
4. Den Knoblauch schälen. Den Paprika in Streifen schneiden.
5. Das Öl in einer Pfanne erhitzen. Das Fleisch in Streifen schneiden und in der Pfanne bei großer Hitze unter Rühren gut anbraten. Das angebratene Fleisch herausnehmen.
6. Im Bratfett den gepressten Knoblauch, Paprikastreifen und Zwiebeln bei mittlerer Hitze einige Minuten braten. Wein und Paprikapulver einrühren und aufkochen lassen.
7. Das Fleisch wieder in die Pfanne geben. Mit saurer Sahne, Pfeffer und Salz abschmecken und erwärmen, nicht kochen.
8. Den Reis, falls nötig, abgießen und mit dem Geschnetzelten servieren.
9. Die Petersilie über das fertige Gericht streuen.

Schweinekotelett mit Zucchinigemüse

Für 1 Person

1 Portion enthält:
430 Kilokalorien
18 g Fett
17 g Kohlenhydrate
50 g Eiweiß

2 mittelgroße Zucchini
1 Zwiebel
2 Tomaten
1 Schweinekotelett
Pfeffer aus der Mühle
Salz
Estragon
Zucker

1. Die Zucchini waschen, putzen und in dünne Scheiben schneiden. Die Zwiebel schälen und in Ringe schneiden. Die Tomaten waschen, den Strunk entfernen, das Fruchtfleisch achteln.
2. Das Fleisch waschen, trockentupfen, würzen.
3. Das Fleisch bei großer Hitze ohne Fett in einer beschichteten Pfanne auf beiden Seiten kräftig anbraten. Bei kleiner Hitze 10 bis 15 Minuten weiter braten, bis es gar ist.
4. Nach etwa 5 Minuten nach und nach das Gemüse zu dem Fleisch geben: zuerst die Zwiebeln, nach 2 bis 3 Minuten Zucchini und Estragon, nach weiteren zwei Minuten die Tomaten. Das Ganze mit Pfeffer, Salz und Zucker abschmecken und alles zusammen 2 bis 3 Minuten braten. Das Fleisch in dieser Zeit zweimal wenden.

Wiener Würstchen mit Krautkartoffeln

Für 1 Person

1 Portion enthält:
522 Kilokalorien
11 g Fett
67 g Kohlenhydrate
32 g Eiweiß

3 mittelgroße Kartoffeln
Salz
1 kleine Zwiebel
1 Tasse Gemüsebrühe (etwa $^{1}/_{4}$ l)
1 Lorbeerblatt
3 – 4 Wacholderbeeren
200 g Sauerkraut aus der Dose
2 Scheiben Ananas aus der Dose (ungezuckert)
2 Putenwiener
Pfeffer aus der Mühle
Salz

1. Die Kartoffeln waschen, schälen, vierteln und in Salzwasser weich kochen. Die Zwiebel schälen und in Ringe schneiden.
2. Die Gemüsebrühe mit Lorbeerblatt, Wacholderbeeren und Zwiebeln aufkochen und einige Minuten ziehen lassen. Das Sauerkraut einrühren und weitere 10 Minuten kochen lassen.
3. Während der letzten 5 Minuten die Ananasstücke und die Wiener Würstchen zugeben und erwärmen.

4 Das Lorbeerblatt und die Wacholderbeeren herausnehmen und die Kartoffeln vorsichtig unterheben.

Lammfilet auf Hirsegemüse

Für 1 Person

50 g Hirse	*2 EL gemischte Kräuter*
100 ml Gemüsebrühe	*1 TL Öl*
300 g gemischtes Gemüse (TK)	*100 g Lammfilet*
Pfeffer aus der Mühle	*Salz*

1 Portion enthält:
469 Kilokalorien
14 g Fett
50 g Kohlenhydrate
34 g Eiweiß

1 Die Hirse in der doppelten Menge Gemüsebrühe zum Kochen bringen, die Hitze reduzieren und bei halb offenem Deckel etwa 20 Minuten köcheln lassen.
2 Inzwischen das Gemüse nach Packungsaufschrift zubereiten, mit Pfeffer abschmecken und die Kräuter unterrühren.
3 In einer Pfanne das Öl erhitzen. Das Filet pfeffern, salzen und im heißen Öl von beiden Seiten kräftig anbraten, dann bei geringer Hitze garen.
4 Die Hirse, wenn nötig, abseihen und unter das Gemüse rühren. Abschmecken und mit dem Filet servieren.

Tipp

Die Hirse messen Sie am besten in einer Tasse ab, so können Sie die benötigte Flüssigkeitsmenge am besten bestimmen. Dabei brauchen Sie für eine Tasse Hirse zwei Tassen Wasser.

Wurstsalat

Für 1 Person

1 Portion enthält:
170 Kilokalorien
10 g Fett
3 g Kohlenhydrate
17 g Eiweiß

100 g Gewürzgurke
1 kleine Zwiebel
75 g magere Wurst
(z. B. Geflügelwurst)
1 EL Petersilie
1 EL Essig
1 TL Öl
Pfeffer aus der Mühle
Salz

1. Die Gurke gut abwaschen und würfeln. Die Zwiebel schälen und in Ringe schneiden. Die Wurst in feine Streifen schneiden.
2. Fein gehackte Petersilie mit Essig, Öl, Pfeffer und Salz zu einem Dressing verrühren.
3. Zwiebelringe, Wurst und Gurke unterheben.
4. Dazu schmeckt Bauernbrot sehr lecker.

Krabbensalat auf Rucola

Für 1 Person

120 g Krabben aus der Dose (Abtropfgewicht)
100 g Rucola
1 TL Zitronensaft
1 EL Schnittlauch
1 EL Dill
Pfeffer aus der Mühle
Salz
1 TL Öl

1 Portion enthält:
238 Kilokalorien
12 g Fett
4 g Kohlenhydrate
26 g Eiweiß

1. Die Krabben abseihen. Den Rucola putzen, waschen und gut abtropfen lassen.
2. In einer Schüssel die Kräuter mit Zitronensaft und Öl mischen. Mit Salz und Pfeffer abschmecken.
3. Die Krabben vorsichtig mit der Sauce mischen und das Ganze auf dem Rucola anrichten.

Tipp

Rucola hält sich tagelang, wenn Sie ihn für ein bis zwei Stunden in lauwarmes, gezuckertes Wasser legen. Wasser abschütten und dann in eine Plastikbox betten.

Saurer Käse

Für 1 Person

einige schöne Blätter Salat
100 g Harzer Käse (10 % Fett)
1 kleine Zwiebel
1 kleiner säuerlicher Apfel
1–2 Gewürzgurken
8 EL Gurkensaft
1 TL Öl
Pfeffer aus der Mühle
evtl. Salz

1 Portion enthält:
240 Kilokalorien
7 g Fett
13 g Kohlenhydrate
31 g Eiweiß

1. Die gewaschenen Salatblätter in einem Suppenteller anordnen.
2. Den Käse in Scheiben schneiden und auf den Salatblättern verteilen.
3. Die Zwiebel schälen und in Ringe schneiden.
4. Den Apfel waschen, das Kerngehäuse entfernen und das Fruchtfleisch grob raspeln. Die Gewürzgurken in Streifen schneiden.
5. Alles auf dem Käse anrichten. Aus Gurkensaft, Öl, Pfeffer und evtl. Salz ein Dressing anrühren und gleichmäßig über den Salat gießen.

Gefülltes Schnitzel (Foto unten)

Für 1 Person

1 Portion enthält:
441 Kilokalorien
16 g Fett
3 g Kohlenhydrate
54 g Eiweiß

150 g Putenschnitzel (aufgeschnitten)
Pfeffer aus der Mühle
Salz
1 große Scheibe Putenschinken
4 Stangen Spargel (evtl. aus der Dose)
etwas Öl für die Pfanne
100 ml trockener Weißwein
1 Scheibe fettarmer Butterkäse

1. Das Fleisch kalt abwaschen, trockentupfen und würzen.
2. Mit dem Schinken und dem Spargel füllen, zusammenklappen und mit einem Zahnstocher fixieren.
3. Eine beschichtete Pfanne ganz dünn mit Öl auspinseln, erhitzen und das Schnitzel darin von beiden Seiten anbraten.
4. Etwas Wein dazugießen, den Käse auf das Schnitzel legen. Den Deckel darauf geben und alles so lange schmoren lassen, bis der Käse zerlaufen ist.

Tipp

Statt Putenschnitzel können Sie auch Kalbsschnitzel verwenden. Dazu passt Baguette.

Bohnensalat

Für 1 Person

1 kleine rote Zwiebel	*Pfeffer aus der Mühle*
1 Knoblauchzehe	*Salz*
1 EL Rotweinessig	*3 EL Rote Bohnen aus der Dose*
1 EL Petersilie	*50 g Schafskäse*

1 Portion enthält:
123 Kilokalorien
6 g Fett
8 g Kohlenhydrate
10 g Eiweiß

1. Zwiebel und Knoblauch schälen. Die Zwiebel in Ringe schneiden, den Knoblauch zerdrücken.
2. Aus Essig, Petersilie, Pfeffer und Salz ein Dressing rühren, Zwiebel und Knoblauch zugeben.
3. Die Bohnen mit kaltem Wasser kurz abwaschen, abtropfen lassen und unter das Dressing rühren.
4. Den Käse in Würfel schneiden und unterheben.

Tipp

Besonders lecker schmeckt es, wenn Sie dem Dressing je einen Teelöffel saure Sahne und Joghurt zugeben.

Kürbisrohkost

Für 1 Person

100 g Kürbis	*1 EL Zitronensaft*
1 Apfel	*Pfeffer aus der Mühle*
1 mittelgroße Möhre	*Salz*
50 g fettarmer Joghurt	*1 Prise Zucker*

1 Portion enthält:
137 Kilokalorien
2 g Fett
25 g Kohlenhydrate
5 g Eiweiß

1. Den Kürbis schälen und das Kürbisfleisch so auslösen, dass es Kerne enthält. In kleine Würfel schneiden.
2. Den Apfel waschen und das Kerngehäuse entfernen. Die Möhre waschen, schälen.
3. Apfel und Möhre grob raspeln, mit den Kürbiswürfeln in einer Schüssel vermischen.
4. Joghurt und Zitronensaft darunterrühren, mit Pfeffer, Salz und Zucker abschmecken.

Brotsuppe

Für 1 Person

1 Portion enthält:
310 Kilokalorien
7 g Fett
49 g Kohlenhydrate
12 g Eiweiß

1 kleine Zwiebel
1 Knoblauchzehe
1 TL Olivenöl
2–3 Scheiben altes Brot
1/4 l Gemüsebrühe
Majoran
Thymian
Pfeffer aus der Mühle

1. Die Zwiebel schälen und fein würfeln. Den Knoblauch schälen.
2. In einem Topf das Öl erhitzen, die Zwiebel darin glasig dünsten.
3. Das Brot (ohne Rinde) in nicht zu große Stücke brechen und anbraten.
4. Den gepressten Knoblauch dazugeben, mit Brühe aufgießen, die Kräuter einrühren, und das Ganze etwa 5 Minuten kochen lassen, bis das Brot weich ist. Die Garzeit hängt von dem Alter und der Dicke der Brotstücke ab.
5. Mit Pfeffer abschmecken.

Tipp

Ein Klecks Magerjoghurt rundet den Geschmack ab.

Bauernomelette

Für 1 Person

1 Portion enthält:
260 Kilokalorien
10 g Fett
23 g Kohlenhydrate
19 g Eiweiß

150 g Kartoffeln
1 kleine Zwiebel
Öl für die Pfanne
1 Ei
Salz, Pfeffer aus der Mühle
1 EL Petersilie

1. Die Kartoffeln waschen und in der Schale 20 bis 40 Minuten weich garen. Die Garzeit hängt von der Größe der Kartoffeln ab.
2. Inzwischen die Zwiebel schälen, fein würfeln. Mit wenig Öl die Zwiebel in einer beschichteten Pfanne glasig dünsten.
3. Die fertigen Kartoffeln schälen, in Scheiben schneiden und zugedeckt warm halten.
4. Das Ei aufschlagen und in einer Tasse mit einer Gabel verquirlen. Mit Salz und Pfeffer abschmecken, zu den Zwiebeln in die Pfanne geben und das Ganze bei mittlerer Hitze fest werden lassen.
5. Die Kartoffeln daraufgeben und das Ganze wie ein Omelette zusammenklappen. Mit Petersilie bestreut servieren.

Tipp

Pellkartoffeln kochen Sie am besten in einem Schnellkochtopf. Dann brauchen sie nur die Hälfte der Garzeit.

Ofenkartoffeln mit Knoblauchquark

Für 1 Person

250 g neue, mittelgroße Kartoffeln
1 TL Olivenöl
Kümmel, Knoblauch oder Kräuter nach Belieben
100 g Magerquark
100 g Schafskäse
evtl. fettarme Milch
2 EL Dill
Pfeffer aus der Mühle
wenig Salz
2 Knoblauchzehen

1 Portion enthält:
540 Kilokalorien
24 g Fett
42 g Kohlenhydrate
37 g Eiweiß

1. Den Backofen auf 180 °C (Umluft 160 °C, Gasherd Stufe 2) vorheizen. Das Backblech mit Backpapier auslegen.
2. Die Kartoffeln waschen, halbieren, die Schnittflächen mit wenig Olivenöl bestreichen und nach Belieben mit Gewürzen oder Kräutern bestreuen.
3. Die Kartoffeln mit der Schnittfläche auf das Backpapier setzen, auf der mittleren Schiene ca. 30 bis 40 Minuten garen (je nach Kartoffelgröße).
4. Währenddessen den Quark mit dem zerbröselten Schafskäse in eine Schüssel geben und pürieren oder kräftig verrühren. Wenn die Masse zu fest ist, noch etwas Milch hinzufügen.
5. Den Dill unterrühren, mit Pfeffer, Salz und geschältem und gepresstem Knoblauch abschmecken.

Tipp

Die Ofenkartoffeln eignen sich auch hervorragend als Beilage zu einem Steak.

Bananencreme

Für 1 Person

1 Portion enthält:
168 Kilokalorien
0,4 g Fett
32 g Kohlenhydrate
7 g Eiweiß

1 Banane
Zitronensaft
4 EL Magerjoghurt
4 EL entrahmte Dickmilch
Honig

1. Die Banane schälen. Für die Garnierung ein paar Scheiben abschneiden und mit Zitronensaft beträufelt beiseite stellen.
2. Den Rest der Banane mit Joghurt und Dickmilch in eine Schüssel geben und pürieren.
3. Mit Honig und Zitronensaft abschmecken, noch einmal kurz durchrühren und in ein Schälchen füllen.
4. Mit den Bananenscheiben garnieren und kühl stellen.

Tipp

Vergessen Sie niemals den Zitronensaft, sonst wird die Creme braun. Das schmeckt zwar nicht schlechter, sieht aber unappetitlich aus.

Feigen auf Orangensauce (Foto rechts)

Für 1 Person

1 Portion enthält:
72 Kilokalorien
2 g Fett
10 g Kohlenhydrate
1 g Eiweiß

2 EL Orangensaft
1 EL saure Sahne
$^{1}/_{2}$ TL Puderzucker
Zimt
1 frische, reife Feige
1 EL Johannisbeerlikör

1. Den Orangensaft mit der sauren Sahne, dem Puderzucker und etwas Zimt verrühren.
2. Die Feige waschen, trockentupfen und anschließend in feine Schnitze schneiden. Diese kreisförmig auf einem flachen Teller anrichten und sparsam mit dem Likör beträufeln.
3. Die Orangensauce über die Feigen gießen. Sofort servieren.

Köstliche Gerichte für Zwei

Weil's zu zweit noch mehr Spaß macht, auf die Figur zu achten, haben wir in diesem Kapitel Rezepte zusammengestellt, die für einen zweisamen Abend genau das Richtige sind. Kochen und genießen Sie gemeinsam!

Kabeljau in Lauch und Kartoffeln

Für 2 Personen

1 Portion enthält:
461 Kilokalorien
5 g Fett
41 g Kohlenhydrate
59 g Eiweiß

4 mittelgroße Kartoffeln
500 g Kabeljau
3 EL Zitronensaft
300 g Lauch
1 TL Butterschmalz
Pfeffer aus der Mühle
Salz
Muskat
1 TL mittelscharfer Senf

1. Den Backofen auf 180 °C (Umluft 160 °C, Gasherd Stufe 2–3) vorheizen. Ein Backblech mit Backpapier auslegen.
2. Die Kartoffeln waschen, der Länge nach durchschneiden, mit der Schnittfläche nach unten auf das Blech legen und im Ofen auf der mittleren Schiene 30 bis 40 Minuten garen.
3. Währenddessen das Fischfilet säubern und mit Zitronensaft beträufeln.
4. Den Lauch der Länge nach durchschneiden, waschen und in $^1/_2$ Zentimeter dicke Streifen schneiden.
5. Das Fett in einer beschichteten Pfanne mit Deckel erhitzen, das Fischfilet in Stücke schneiden und anbraten.
6. Den Lauch zugeben, mit Pfeffer, Salz, Muskat und Senf würzen. Bei geschlossenem Deckel 5 Minuten gar dünsten und noch mal abschmecken.

Tipp

Wenn Sie Tiefkühlfisch verwenden, sollten Sie ihn vor der Zubereitung antauen lassen.

Krabbenragout mit Ei

Für 2 Personen

1 Portion enthält:	*2 Eier*	*30 ml süße Sahne*
320 Kilokalorien	*1 TL Butter*	*3 EL Dill*
20 g Fett	*10 g Mehl*	*125 g Krabben*
6 g Kohlenhydrate	*1/8 l Fleischbrühe (entfettet)*	*(TK oder aus dem Glas)*
27 g Eiweiß	*60 ml trockener Weißwein*	*Pfeffer aus der Mühle*

1. Die Eier in zehn Minuten hart kochen, abschrecken.
2. In einem kleinen Topf die Butter zerlassen, das Mehl einrühren und bei mittlerer Hitze goldgelb werden lassen.
3. Die Fleischbrühe dazugießen und sofort mit dem Schneebesen glatt rühren. Nach und nach Wein und Sahne einrühren, kurz aufkochen lassen.
4. Den Dill und die Krabben zugeben und in der Sauce erwärmen. Mit Pfeffer und Salz abschmecken.
5. Die Eier schälen, vierteln und mit der Sauce anrichten.

Tipp

Wie Sie Saucen entfetten, können Sie auf Seite 57 nachlesen. Zum Krabbenragout schmeckt frisches Baguette.

Lachsgulasch (Foto rechts)

Für 2 Personen

1 Portion enthält:	*250 g Lachs*	*1 TL Butter*
226 Kilokalorien	*Zitronensaft*	*2 TL Kurkuma*
6 g Fett	*2 Möhren*	*250 g fettarmer Joghurt*
10 g Kohlenhydrate	*4 Frühlingszwiebeln*	*Pfeffer aus der Mühle*
32 g Eiweiß	*1 kleines Stück Ingwer*	*Salz*

1. Den Lachs säubern und mit Zitrone beträufeln. Wenn Sie tiefgefrorenen Lachs verwenden, muss er ganz aufgetaut sein.
2. Die Möhren schälen und in Scheibchen schneiden. Die Frühlingszwiebeln putzen, waschen und in Ringe schneiden. Den Ingwer schälen und fein hacken.
3. In einer beschichteten Pfanne die Butter erhitzen, die Möhren zusammen mit dem Ingwer einige Minuten andünsten.
4. Anschließend die Frühlingszwiebeln und Kurkuma zufügen.

5 Den Fisch in mundgerechte Stücke schneiden, auf das Gemüse legen und 7 bis 10 Minuten bei mittlerer Hitze garen.

6 Joghurt mit Salz und Pfeffer abschmecken und zum Fisch geben. Langsam und vorsichtig erwärmen. Die Sauce darf nicht mehr kochen, sonst flockt der Joghurt aus!

Tipp

Zum Lachsgulasch schmeckt Naturreis oder eine Wildreismischung ganz vorzüglich.

Schinken-Champignon-Röllchen

Für 2 Personen

1 Portion enthält:	*1 mittelgroße Zwiebel*	*1 EL Petersilie*
150 Kilokalorien	*100 g Champignons*	*Pfeffer aus der Mühle*
9 g Fett	*1 TL Öl*	*Muskat*
8 g Kohlenhydrate	*2 TL Mehl*	*1 Eigelb*
9 g Eiweiß	*200 ml fettarme Milch*	*2 Scheiben gekochter Schinken*

1. Den Ofen auf 170 °C (Umluft 150 °C, Gasherd Stufe 1 – 2) vorheizen.
2. Die Zwiebel schälen und fein würfeln. Die Champignons waschen und in feine Scheiben schneiden.
3. In einer Pfanne das Öl erhitzen, die Zwiebeln darin 2 Minuten dünsten. Die Champignons zugeben und bei großer Hitze unter ständigem Rühren braten, bis die Flüssigkeit verdampft ist. Das Mehl darüber streuen und unterrühren. Das Ganze einige Minuten weiter braten.
4. Milch zugießen, aufkochen lassen und weitere 5 Minuten köcheln. Die gehackte Petersilie unterrühren.
5. Die Sauce mit Pfeffer und Muskat abschmecken, von der Herdplatte nehmen und das Eigelb einrühren.
6. Den Schinken aufrollen und in eine feuerfeste Form legen. Die Sauce darüber gießen und im Ofen 5 Minuten backen.

Kalbsfilet mit Bulgur und Salat

Für 2 Personen

160 ml Gemüsebrühe
80 g Bulgur (Weizenschrot)
4 Frühlingszwiebeln
4 Eiertomaten
1 Bund glatte Petersilie
2 EL Zitronensaft
Pfeffer aus der Mühle
Salz
1 Prise Zucker
1 kleiner Kopf- oder Eissalat
1 EL Öl
250 g fertig gewürztes Kalbsfilet

1 Portion enthält:
393 Kilokalorien
9 g Fett
34 g Kohlenhydrate
42 g Eiweiß

1. Die Gemüsebrühe zum Kochen bringen, den Bulgur einrühren und zehn Minuten quellen lassen. Die restliche Flüssigkeit abgießen, den Bulgur abkühlen lassen.
2. Die Frühlingszwiebeln putzen und in feine Ringe schneiden. Die Tomaten waschen, den Strunk entfernen, halbieren und in Scheiben schneiden. Die Petersilie kalt abbrausen, trockenschütteln, abzupfen und grob hacken.
3. In einer Schüssel aus Zitronensaft, Pfeffer Salz und Zucker ein Dressing anrühren, die vorbereiteten Zutaten untermischen.
4. Den Salat putzen, waschen, abtropfen lassen.
5. Das Öl in einer Pfanne erhitzen. Das Filet darin von beiden Seiten braten.
6. Den Bulgur unter den Salat mischen und sofort servieren.

Tipp

Glatte Petersilie hat einen intensiven Geschmack und eignet sich gut zum Kochen und für Salate. Mit krauser Petersilie können Sie besser garnieren.

Reispfanne mit Rind

Für 2 Personen

1 Portion enthält:		
480 Kilokalorien	*450 g Lauch*	*Salz*
11 g Fett	*250 g Rinderfilet, in sehr dünne Scheiben geschnitten*	*100 g Reis*
47 g Kohlenhydrate	*1 EL Öl*	*200 ml Gemüsebrühe*
47 g Eiweiß	*Pfeffer aus der Mühle*	*6 Radieschen*
		Kräutermischung

1. Den Lauch putzen, waschen und in schmale Ringe schneiden. Das Fleisch kalt abspülen und trockentupfen.
2. In einer Pfanne das Öl erhitzen. Das Fleisch kurz, aber kräftig von beiden Seiten anbraten, aus der Pfanne nehmen, pfeffern und salzen.
3. Die Hitze reduzieren und den Lauch in die Pfanne geben. Unter Rühren etwas zusammenfallen lassen.
4. Den Reis in die Pfanne einrühren und einige Minuten mitdünsten. Die Gemüsebrühe (möglichst heiß) dazugießen, den Deckel schließen und den Reis garen.
5. Inzwischen die Radieschen waschen und putzen.
6. Wenn der Reis gar ist, das Fleisch unterrühren. Noch mal abschmecken und die Kräuter dazugeben.
7. Die Radieschen darüber raspeln und sofort servieren.

Tipp

Reste dieser Reispfanne können Sie gut als (kalten) Salat zubereiten. Mischen Sie ein Dressing aus Essig, Öl, Pfeffer und Salz und lassen Sie den Reis darin einige Stunden ziehen.

Putenpfanne

Für 2 Personen

120 g Vollkornnudeln
Salz
300 g Knollensellerie
1 Zwiebel
1 große Möhre
1 TL Mehl
1 große Tasse Gemüsebrühe (etwa 200 ml)
2 Putenschnitzel (à 150 g)
Pfeffer aus der Mühle
Öl für die Pfanne
2 EL Kapern
2 EL Kräuter

1 Portion enthält:
469 Kilokalorien
10 g Fett
45 g Kohlenhydrate
49 g Eiweiß

1. Salzwasser zum Kochen bringen. Die Nudeln darin gar kochen – die Kochzeit finden Sie auf der Packung. Wenn die Nudeln gar sind, abgießen, abschrecken und abtropfen lassen.
2. In der Zwischenzeit Sellerie, Zwiebel und Möhre schälen, alles grob raspeln.
3. Einen Topf erhitzen, das Gemüse ohne Fett darin unter Rühren andünsten, mit Mehl bestäuben und kurz weiter dünsten. Die Brühe dazugießen und 3 bis 4 Minuten köcheln lassen.
4. Die Putenschnitzel pfeffern und leicht salzen. Das Öl in einer Pfanne erhitzen und die Schnitzel darin braten.
5. Kapern und Kräuter zusammen mit den Nudeln zum Gemüse geben.
6. Das Fleisch darauf anrichten und servieren.

Gemüseteller

Für 2 Personen

1 Portion enthält:
340 Kilokalorien
15 g Fett
38 g Kohlenhydrate
11 g Eiweiß

2 mittelgroße Zucchini
200 g Kartoffeln
je 1 grüne und gelbe Paprikaschote
100 g grüne Bohnen
1 Bund Lauchzwiebeln
1 Knoblauchzehe
1 EL Olivenöl
2–3 EL gemischte Kräuter
Pfeffer aus der Mühle
Salz
1 kleine Dose geschälte Tomaten

1. Die Zucchini waschen, putzen und in Scheiben schneiden. Die Kartoffeln waschen, schälen und klein würfeln.
2. Die Paprika halbieren, den Strunk entfernen und die Kerne auswaschen. Anschließend vierteln und in Streifen schneiden. Bohnen waschen, putzen und klein schneiden. Die Zwiebeln waschen, putzen und in Ringe schneiden. Den Knoblauch schälen.
3. Öl in einem Topf erhitzen und das klein geschnittene Gemüse zusammen mit dem gepressten Knoblauch und den Kräutern hineingeben, pfeffern und salzen.
4. Unter Rühren aufkochen und bei kleiner Hitze etwa 15 Minuten köcheln lassen.
5. Zuletzt die Tomaten abseihen und unterrühren, das Ganze nochmals abschmecken.

Gemüsepfanne mit Tofu

Für 2 Personen

1 Portion enthält:		
220 Kilokalorien	*1 Bund Frühlingszwiebeln*	*4 EL Sojasauce*
8 g Fett	*1 Knoblauchzehe*	*1 große Hand voll Glasnudeln*
21 g Kohlenhydrate	*2 Möhren*	*150 g Blattspinat (TK, aufgetaut)*
16 g Eiweiß	*1 TL Distelöl*	*200 g Tofu*
	1 EL Sherry	*Cayennepfeffer*

1. Die Frühlingszwiebeln putzen, waschen und in Ringe schneiden. Den Knoblauch schälen.
2. Die Möhren waschen, schälen und in feine Scheiben schneiden.
3. Das Öl in einer Pfanne oder einem weiten Topf erhitzen, die Zwiebeln und die Möhren unter Rühren anbraten, bis die Zwiebeln glasig sind. Zuletzt den gepressten Knoblauch dazugeben.
4. Sherry, Sojasauce und ca. $^1/_2$ Liter Wasser aufgießen, dann die Glasnudeln, den Spinat und den in Scheiben geschnittenen Tofu unterrühren.
5. Zudecken und 2 bis 3 Minuten gut durchkochen lassen.
6. Mit Cayennepfeffer kräftig abschmecken.

Tipp

Knoblauch immer erst spät in die Pfanne geben. Er darf nicht braun werden, sonst schmeckt er bitter.

Tomaten-Zucchini-Gemüse

Für 2 Personen

2 Zwiebeln
1 TL Olivenöl
2 Zucchini
$^{1}/_{8}$ l Gemüsebrühe
600 g Tomaten
2 Bund Basilikum
Salz
Pfeffer aus der Mühle
evtl. Cayennepfeffer

1 Portion enthält:
183 Kilokalorien
7 g Fett
20 g Kohlenhydrate
10 g Eiweiß

1. Die Zwiebeln schälen, fein würfeln. Das Öl in einem Topf erhitzen, die Zwiebeln zugeben und glasig dünsten.
2. Inzwischen die Zucchini waschen, in dünne Scheiben schneiden, zu den Zwiebeln geben, die Brühe dazugießen. Bei geschlossenem Deckel 5 bis 8 Minuten garen.
3. Währenddessen die Tomaten waschen, den Strunk entfernen und je nach Größe vierteln oder achteln.
4. Das Basilikum waschen, trockenschütteln und grob hacken.
5. Tomaten und Basilikum unter die Zucchini mischen, noch 3 Minuten mitgaren lassen.
6. Zuletzt mit wenig Salz, Pfeffer oder auch Cayennepfeffer abschmecken.

Tipp

Sie können auch Tomaten aus der Dose verwenden. Gießen Sie dann die Tomaten ab, bevor sie in die Pfanne kommen. Den Saft fangen Sie auf und schmecken ihn mit Pfeffer, Salz und Basilikum ab. Kalt trinken.

Gemüsespiegelei

Für 2 Personen

1 Portion enthält:
190 Kilokalorien
7 g Fett
12 g Kohlenhydrate
20 g Eiweiß

2 große Fleischtomaten
200 g Lauch
Pfeffer aus der Mühle
Salz
2 Eier
1 EL Schnittlauchröllchen

1. Die Tomaten waschen, das Fruchtfleisch in Scheiben schneiden.
2. Den gewaschenen und in Ringe geschnittenen Lauch in eine Pfanne geben. Nach etwa 15 Minuten die Tomatenscheiben gleichmäßig auf dem Lauch verteilen, pfeffern und salzen.
3. Zuletzt die Eier darüber schlagen, den Deckel schließen und alles stocken lassen.
4. Mit Schnittlauch bestreut servieren.

Hirtensalat

Für 2 Personen

1 Portion enthält:
270 Kilokalorien
17 g Fett
17 g Kohlenhydrate
11 g Eiweiß

1 kleiner Lollo rosso
2 Tomaten
1 kleine Gurke
1 Zwiebel
1 Bund glatte Petersilie
1 EL Olivenöl
2–3 EL Zitronensaft
Pfeffer aus der Mühle
Salz
1 Prise Zucker
6 eingelegte Peperoni
3–4 Oliven
50 g Schafskäse

1. Den Salat putzen, waschen und trockenschleudern.
2. Die Tomaten waschen, den Strunk entfernen, achteln. Die Gurke gut waschen und würfeln.
3. Die Zwiebel schälen und in grobe Stücke schneiden. Die Petersilie kalt abbrausen, trockenschütteln und hacken.
4. In einer Tasse aus Olivenöl, Zitronensaft, Pfeffer, Salz und Zucker ein Dressing anrühren.
5. Den Salat in eine Schüssel geben, das Dressing darüber gießen. Mit Peperoni und Oliven garnieren.
6. Den Schafskäse zerbröseln und darüber streuen.

Kartoffel-Rucola-Salat

Für 2 Personen

250 g Kartoffeln
1 EL Olivenöl zum Anbraten
100 g Rucola
200 g Chicorée
200 g Cocktailtomaten
70 g pikanter, fettarmer Schnittkäse

1 TL Senf
2 EL Rotweinessig
2 EL Olivenöl
1 TL Akazienhonig
Pfeffer aus der Mühle
Salz

1 Portion enthält:
460 Kilokalorien
35 g Fett
26 g Kohlenhydrate
15 g Eiweiß

1. Die Kartoffeln waschen, schälen und in Stifte schneiden.
2. Das Öl in einer beschichteten Pfanne erhitzen und die Kartoffeln darin unter mehrmaligem Wenden 15 Minuten braten.
3. Währenddessen den Rucola verlesen, waschen und trockenschleudern. Den Chicorée putzen, den Strunk großzügig herausschneiden und das Gemüse in Streifen schneiden. Die Cocktailtomaten waschen.
4. Den Schnittkäse in nicht zu dünne Stifte schneiden, zusammen mit Rucola, Chicorée und Tomaten in eine Schüssel geben.
5. Aus Senf, Essig, Olivenöl, Honig, Pfeffer und Salz ein Dressing anrühren, über den Salat gießen und mischen.
6. Den Salat auf zwei Teller verteilen und die Kartoffeln darauf anrichten.

Tipp

Dazu schmeckt Baguette und fettarmes, gebratenes Fischfilet.

Kichererbsen-Salat

Für 2 Personen

1 Portion enthält:	*1 große unbehandelte Orange*	*2 EL Petersilie*
209 Kilokalorien	*4 Frühlingszwiebeln*	*2 EL Weißweinessig*
9 g Fett	*250 g Fleischtomaten*	*1 EL Olivenöl*
23 g Kohlenhydrate	*120 g Kichererbsen aus der Dose*	*Pfeffer aus der Mühle*
7 g Eiweiß	*30 g gemischte Oliven in Wasser*	*Salz*
	1 Knoblauchzehe	*1 Prise Zucker*

1 Die Orange heiß abwaschen, die Schale zur Hälfte abreiben und in eine Salatschüssel geben. Die Frucht dann schälen und in Würfel schneiden.

2 Die Frühlingszwiebeln waschen, putzen und in feine Ringe schneiden. Die Tomaten waschen, den Strunk entfernen, die Tomaten dann in mundgerechte Stücke schneiden.

3 Die Kichererbsen und Oliven abseihen. Den Knoblauch schälen und pressen.

4 Alle Zutaten in die Salatschüssel zu den Orangen geben und mit Petersilie, Essig, Öl, Pfeffer, Salz und Zucker vermengen und abschmecken.

Eisbergsalat

Für 2 Personen

1 kleiner Eisbergsalat
2 Blutorangen
125 g Magerjoghurt
Pfeffer aus der Mühle
Salz
1 TL mittelscharfer Senf
1 TL Akazienhonig
je 1 EL Dill und Schnittlauch

1 Portion enthält:
170 Kilokalorien
1 g Fett
28 g Kohlenhydrate
10 g Eiweiß

1. Den Strunk des Eisbergsalats herausschneiden. Dann die äußeren Blätter entfernen, in zwei Zentimeter dicke Streifen schneiden, waschen und trockenschleudern.
2. Die Orangen mit einem Messer so schälen, dass die weiße Haut völlig entfernt ist.
3. Für das Dressing Joghurt, Pfeffer, Salz, Senf und Honig kräftig mit einem Schneebesen aufschlagen. Zum Schluss die Kräuter unterrühren.
4. Den Salat und die Orangen in eine weite Schüssel geben, mit dem Dressing vermischen und sofort servieren.

Tipp

Verwenden Sie immer frischen bzw. tiefgekühlten Schnittlauch – vor allem für Salate. Getrockneter Schnittlauch schmeckt wie Heu.

Radicchio-Apfel-Salat

Für 2 Personen

1 Portion enthält:
190 Kilokalorien
15 g Fett
13 g Kohlenhydrate
3 g Eiweiß

1 kleiner Radicchio
1 Zwiebel
1 EL Akazienhonig
2–3 EL Balsamessig
Pfeffer aus der Mühle
Salz
1 EL Olivenöl
1 säuerlicher Apfel (z. B. Boskop)
1 EL Butter für die Pfanne
2 EL Sesamsamen

1. Die äußeren Blätter des Radicchio entfernen, den Strunk ausschneiden und den Salat in ein Zentimeter breite Streifen schneiden. Anschließend waschen und trockenschleudern.
2. Die Zwiebel schälen und in feine Würfel schneiden.
3. Den Honig mit Zwiebeln, Essig, Pfeffer, Salz und Öl zu einem Dressing anrühren.
4. Den Apfel waschen, das Kerngehäuse entfernen und in feine Schnitze schneiden.
5. Die Butter in einer Pfanne erhitzen, die Apfelspalten darin kurz goldgelb anbraten. Am Schluss mit Sesam bestreuen.
6. In der Zwischenzeit den Radicchio in eine weite Schüssel geben, mit dem Dressing verrühren und darauf die warmen Apfelspalten anrichten.

Tipp

Die Sesamsamen geben dem Salat nicht nur einen lecker nussigen Geschmack, in den kleinen Samen stecken auch viele wertvolle ungesättigte Fettsäuren.

Warmer Wintersalat

Für 2 Personen

1 Portion enthält:
126 Kilokalorien
3 g Fett
11 g Kohlenhydrate
13 g Eiweiß

200 g Blumenkohl
200 g Brokkoli
$^1/_2$ l Gemüsebrühe
150–200 g fettarmer Joghurt
Muskat
Pfeffer aus der Mühle
Salz

1. Brokkoli und Blumenkohl putzen, waschen, in kleine Röschen zerteilen und die Strünke kreuzweise einschneiden. In der Gemüsebrühe garen, dann abtropfen lassen.
2. Das abgetropfte Gemüse auf zwei flache Teller verteilen.

3 Den Joghurt mit Muskat, Pfeffer und Salz abschmecken und über das warme Gemüse geben.

Tipp

Mit Tiefkühlgemüse geht das Ganze noch viel schneller! Servieren Sie ein Vollkornbaguette zu dem Wintersalat.

Fenchel-Champignons

Für 2 Personen

500 g Champignons
1 Bund glatte Petersilie
1 TL Olivenöl
etwas Butter
1 EL Fenchelsamen
Pfeffer aus der Mühle
Salz
Zitronensaft

1 Portion enthält:
80 Kilokalorien
4 g Fett
2 g Kohlenhydrate
7 g Eiweiß

1 Die Champignons putzen und trocken mit einem Küchentuch abreiben.
2 Die Petersilie abspülen, trockenschütteln und grob hacken.
3 In einer Pfanne Öl und Butter leicht erhitzen. Den Fenchel einstreuen und die Champignons mit dem Stiel nach unten in die Pfanne legen.
4 Etwa 4 bis 5 Minuten braten, pfeffern und salzen. Anschließend kurz durchrühren und mit Zitronensaft beträufeln.
5 Die Pfanne vom Herd nehmen, die Petersilie unterrühren und das Ganze bei geschlossenem Deckel 10 Minuten ziehen lassen.
6 Dazu passt Baguette oder Fladenbrot.

Tipp

Die Fenchel-Champignons schmecken auch als Vorspeise. Die angegebenen Zutaten reichen dann für vier Personen.

Kiwischeiben auf Erdbeerpüree

Für 2 Personen

1 Portion enthält:
70 Kilokalorien
1 g Fett
12 g Kohlenhydrate
1 g Eiweiß

150 g Erdbeeren
3 Kiwis

1. Die Erdbeeren vorsichtig waschen, den Stiel abzupfen.
2. Die Beeren pürieren, das Mus auf zwei flache Teller verteilen.
3. Die Kiwis schälen und in Scheiben schneiden. Die Scheiben kreisförmig auf den Tellern anrichten.

Tipp

Servieren Sie die Nachspeise mit je zwei Löffelbiskuits.

Überbackene Trauben (Foto rechts)

Für 2 Personen

1 Portion enthält:
169 Kilokalorien
10 g Fett
11 g Kohlenhydrate
8 g Eiweiß

je 130 g kernlose blaue und weiße Trauben
50 g Ziegenfrischkäse
1 Ei
Salz

1. Den Backofen auf Grillen vorheizen.
2. Die Trauben waschen, trockentupfen, abzupfen, große Früchte halbieren. In zwei kleine, feuerfeste Förmchen geben.
3. Den Ziegenkäse zerbröseln.
4. Das Ei trennen und das Eiweiß mit einer Prise Salz steif schlagen. Das Eigelb unter den Käse rühren.
5. Die Käse-Ei-Mischung unter den Eischnee heben.
6. Die Creme auf den Trauben verteilen und 8 bis 10 Minuten goldbraun überbacken.

Leckere Diätrezepte für Familienväter

So richtig herzhafte und deftige Hausmannskost – welcher Mann träumt nicht davon?! Aber selbst wenn Sie's kaum glauben können: Auch dabei kann man auf die Figur achten, ja sogar abnehmen. In diesem Kapitel finden Sie leckere Gerichte für die ganze Familie.

Bunter Kopfsalat mit Lachsschinken

Für 4 Personen

1 Portion enthält:
146 Kilokalorien
10 g Fett
5 g Kohlenhydrate
9 g Eiweiß

1 Kopfsalat
150 g Sojasprossen
1 Zucchini
Zitronensaft
100 g Lachsschinken in Scheiben
3 EL Weinessig
2 EL Pflanzenöl
1 TL mittelscharfer Senf
1 TL Akazienhonig
Salz
grob gemahlener Pfeffer aus der Mühle

1. Den Kopfsalat putzen, waschen und trockenschleudern. Die Sojasprossen kalt waschen und ebenfalls trockenschleudern.
2. Die Zucchini fein hobeln oder raspeln.
3. Den Lachsschinken in Streifen schneiden.
4. In einer Salatschüssel aus Essig, Öl, Senf, Honig und Salz ein Dressing anrühren.
5. Den Kopfsalat, die Sprossen und die Zucchiniraspel mit der Sauce mischen.
6. Die Schinkenstreifen zuerst getrennt mit dem Pfeffer mischen und dann über dem Salat verteilen.

Tipp

Sojasprossen kann man selbst ziehen. Dazu die Sojabohnen lauwarm abspülen und zwölf Stunden in lauwarmem Wasser einweichen. Danach abgießen, gut spülen und abtropfen lassen. Die eingeweichten Bohnen in ein Gefäß geben und die Bohnen an einem warmen Ort mehrere Tage keimen lassen.

Chinakohlsalat

Für 4 Personen

500 g Chinakohl	*3 EL Apfelessig*
100 g Feldsalat	*Pfeffer aus der Mühle*
100 g Möhren	*Salz*
3 Frühlingszwiebeln	*2 EL Walnussöl*
200 g frische Ananas	*3 EL gemischte Kräuter*

1 Portion enthält:
124 Kilokalorien
8 g Fett
10 g Kohlenhydrate
3 g Eiweiß

1. Die Blätter des Chinakohls dicht am Wurzelende abtrennen, waschen und trockentupfen. Die Blätter aufeinander legen und in knapp $^1/_2$ Zentimeter breite Streifen schneiden.
2. Den Feldsalat putzen und mehrmals gründlich in stehendem kalten Wasser waschen, abseihen.
3. Die Möhren waschen, schälen und grob raspeln. Die Zwiebeln waschen, putzen und in feine Ringe schneiden. Die Ananas in feine Scheiben schneiden.
4. Aus Essig, Pfeffer, Salz, Walnussöl und Kräutern ein Dressing anrühren.
5. Salate und Ananas in eine Schüssel geben, mit dem Dressing verrühren und sofort servieren.

Tipp

Wenn das Dressing zu sauer ist, geben Sie etwas Honig oder Ahornsirup dazu.

Italienischer Salat

Für 4 Personen

1 Portion enthält:
238 Kilokalorien
18 g Fett
8 g Kohlenhydrate
11 g Eiweiß

500 g Eiertomaten
1 Gurke
1 große Zwiebel
einige Blätter Basilikum
2 Schalen Rucola
100 g schwarze entsteinte Oliven
1 kleine Mozzarellakugel
5 EL Balsamessig
1 $^{1}/_{2}$ EL Olivenöl
Pfeffer aus der Mühle
Salz
1 TL Akazienhonig

1. Die gewaschenen Tomaten vom Strunk befreien und in Achtel schneiden. Die Gurke waschen, der Länge nach halbieren und grob hobeln. Die Zwiebel schälen und in Ringe schneiden.
2. Das Basilikum waschen, abzupfen und in Streifen schneiden. Den Rucola verlesen, waschen und trockenschleudern. Alles in eine große Salatschüssel geben.
3. Die Oliven und den Mozzarella abseihen und zerkleinern.
4. Aus Balsamessig, Öl, Pfeffer, Salz und Honig ein Dressing anrühren.
5. Das Dressing unter den Salat mischen, die Oliven und den Käse darauf verteilen.

Tipp

Zu diesem Salat passt mageres gegrilltes Fleisch oder einfach nur Baguette. Eine fein-würzige Note bekommt der Salat, wenn Sie die Salatschüssel mit einer Knoblauchzehe ausreiben.

Bunter Krautsalat

Für 4 Personen

1 Portion enthält:
128 Kilokalorien
8 g Fett
11 g Kohlenhydrate
3 g Eiweiß

400 g Weißkohl
2 Möhren
1 rote Paprikaschote
1 Zwiebel
1 TL Salz
1 $^1/_2$ EL Rotweinessig
2 EL Öl
Pfeffer aus der Mühle
1 Prise Zucker
evtl. 1 Knoblauchzehe
3 EL Petersilie

1. Die äußeren Blätter des Kohlkopfes entfernen. Den Kopf vierteln und den Strunk herausschneiden.
2. Die Möhren waschen und schälen. Die Paprikaschote halbieren, Kerne und weiße Haut entfernen, die Paprika waschen. Die Zwiebel schälen und achteln.
3. Das Gemüse mit der feinen Gemüsereibe der Küchenmaschine hobeln.
4. Anschließend in eine große Schüssel geben und mit Salz, Essig, Öl, Pfeffer, Zucker und – nach Geschmack – gepresstem Knoblauch kräftig durchkneten, damit das Kraut weich wird.
5. Die Petersilie untermischen und mit Essig, Öl, Zucker und Pfeffer abschmecken.

Erbsen-Makrelen-Eintopf

Für 4 Personen

350 g getrocknete, geschälte Erbsen
2 Zwiebeln
1 TL Butter
500 g mehlige Kartoffeln
1 1/4 l Gemüsebrühe
1 Hand voll Suppengrün (TK)
1 Lorbeerblatt
3 Filets von geräucherten Pfeffermakrelen (à 200 g)
Pfeffer aus der Mühle
Salz
Muskat
reichlich Petersilie

1 Portion enthält:
700 Kilokalorien
20 g Fett
65 g Kohlenhydrate
67 g Eiweiß

1. Die Erbsen müssen mindestens acht Stunden in reichlich Wasser eingeweicht werden. Dann abgießen und abtropfen lassen.
2. Die Zwiebeln schälen und in schmale Spalten schneiden. In einem großen Topf die Butter erhitzen, darin die Zwiebeln glasig dünsten.
3. Inzwischen die Kartoffeln waschen, schälen und in grobe Würfel schneiden. Gemüsebrühe, Kartoffeln, die abgetropften Erbsen, Suppengrün und Lorbeerblatt zu den Zwiebeln geben. Bei geschlossenem Deckel in 20 bis 25 Minuten weich garen.
4. Währenddessen das Fischfilet in mundgerechte Stücke schneiden.
5. Das Lorbeerblatt aus dem Topf nehmen, alles mit Pfeffer, Salz, Muskat und reichlich Petersilie abschmecken.
6. Nun den Fisch zum Eintopf geben und darin erwärmen. In einer vorgewärmten Suppenschüssel servieren.

Tipp

Für solche Gerichte ist ein Schnellkochtopf sehr praktisch. Die Garzeit verringert sich damit auf etwa zehn Minuten.

Tortellinisuppe

Für 4 Personen

1 Portion enthält:	
336 Kilokalorien	
4 g Fett	
61 g Kohlenhydrate	
13 g Eiweiß	

300 g Spinattortellini
2 Zwiebeln
2 Knoblauchzehen
300 g Zucchini
1 EL Olivenöl
1 gr. Dose geschälte Tomaten
1/2 l Tomatensaft
Pfeffer aus der Mühle
Salz
Basilikum
Parmesan

1 Die Spinattortellini nach Packungsanleitung garen, anschließend abseihen.

2 In der Zwischenzeit die Zwiebeln schälen und fein würfeln. Den Knoblauch schälen.

3 Die Zucchini waschen, putzen. Anschließend der Länge nach vierteln und quer in Scheiben schneiden.

4 In einem Topf das Öl erhitzen, darin die Zwiebeln glasig dünsten. Zuletzt den gepressten Knoblauch dazugeben.

5 Die Tomaten mit der Flüssigkeit und den Tomatensaft zugeben. Dabei mit dem Kochlöffel die Tomaten etwas zerstoßen. Das Ganze einmal aufkochen lassen, dann die Zucchini zugeben und etwa 4 bis 5 Minuten mitgaren.

6 Die Suppe mit Pfeffer, Salz und Basilikum abschmecken. Die Tortellini zugeben und in der Suppe erwärmen, aber nicht aufkochen lassen.

7 Mit Parmesan bestreut servieren.

Rumpsteak in Reissuppe

Für 4 Personen

1 Portion enthält:
334 Kilokalorien
10 g Fett
24 g Kohlenhydrate
36 g Eiweiß

1 l Rinderbrühe, entfettet
100 g Reis
2 Möhren
1 Stange Lauch
1/4 Knollensellerie
100 g Champignons
Pfeffer aus der Mühle
Salz
400 g gebratenes Rumpsteak ohne Fettrand in sehr dünnen Scheiben
4 EL Petersilie

1. Die Rinderbrühe zum Kochen bringen, den Reis einstreuen und 10 Minuten quellen lassen.
2. Inzwischen Möhren und Sellerie waschen, schälen und hobeln. Den Lauch waschen und in feine Ringe schneiden. Die Champignons waschen und putzen.
3. Alles Gemüse zum Reis in die Brühe geben und 10 Minuten mitgaren. Mit Pfeffer und Salz abschmecken.
4. Die Fleischscheiben auf vier Suppenteller verteilen.
5. Die Petersilie in die Suppe einrühren und die kochend heiße Suppe auf das Fleisch gießen. Sofort servieren.

Tipp

Wie die Rinderbrühe entfettet wird, können Sie auf Seite 57 nachlesen.

Spanisches Hähnchen

Für 4 Personen

5 Knoblauchzehen
1 Bund Petersilie
Pfeffer aus der Mühle
Salz
2 Hähnchen
1 kg Tomaten aus der Dose (Abtropfgewicht)
7 Stangen Bleichsellerie
300 g Schalotten
1 TL Butter
2 cl Weinbrand
1/4 l trockener Weißwein
100 ml süße Sahne
Thymian

1 Portion enthält:
643 Kilokalorien
31 g Fett
15 g Kohlenhydrate
76 g Eiweiß

1. Den Knoblauch schälen, durchpressen und mit Petersilie, Pfeffer und Salz mischen. Damit das Hähnchen einreiben, in Alufolie einwickeln und 1 bis 2 Stunden ziehen lassen.
2. Inzwischen die Tomaten abseihen. Den Bleichsellerie waschen und in feine Scheiben schneiden. Die Schalotten schälen und fein hacken.
3. Die Butter in einem großen Topf erhitzen, die Hähnchen auswickeln und rundum kräftig anbraten. 30 Minuten garen, dabei mehrmals wenden.
4. Den Weinbrand in eine Kelle geben, anzünden und brennend über die Hähnchen gießen. Die Hähnchen aus dem Topf nehmen.
5. Das vorbereitete Gemüse zum Bratenfond geben, mit Wein aufgießen und alles zu einer sämigen Masse einkochen lassen.
6. Den Backofen auf Grillen vorheizen.
7. Das Gemüse mit Sahne, Pfeffer, Salz und Thymian abschmecken, die Hähnchen vierteln, auf das Gemüse setzen und in 15 Minuten knusprig backen.

Tipp

Zu diesem Gericht passen am besten Blattsalate und Baguette.

Herzhafter Eintopf

Für 4 Personen

1 Portion enthält:	
594 Kilokalorien	
22 g Fett	
13 g Kohlenhydrate	
86 g Eiweiß	

1 kg Rindfleisch (oder Pute)
1 Blumenkohl
250 g Lauch
250 g Möhren
250 g Chinakohl
250 g Champignons
Olivenöl zum Anbraten
1 Gemüsezwiebel
Pfeffer aus der Mühle
2 l Hühnerbrühe

1. Das Fleisch kalt abspülen, trockentupfen, in mundgerechte Würfel schneiden.
2. Die Zwiebeln und das Gemüse waschen bzw. schälen und putzen. Alles in mundgerechte Stücke schneiden.
3. In einem großen Topf zwei Esslöffel Öl erhitzen, das Fleisch darin rundum anbraten. Herausnehmen und auf die Seite stellen.
4. Zwei weitere Esslöffel Öl in den Topf geben und die Zwiebelwürfel bei mittlerer Hitze glasig dünsten. Das übrige Gemüse hinzufügen, unter Rühren kurz anbraten, pfeffern.
5. Die Brühe und das Fleisch zum Gemüse geben und den Eintopf ca. eine Stunde mit geschlossenem Deckel köcheln lassen, bis das Fleisch gar ist.
6. Noch mal abschmecken und servieren.

Kalbsfilet mit Mandeln (Foto rechts)

Für 4 Personen

1 Portion enthält:	
389 Kilokalorien	
13 g Fett	
13 g Kohlenhydrate	
55 g Eiweiß	

700 g Kalbsfilet
Salz
Pfeffer aus der Mühle
1 EL Öl
1 EL Butter
250 g noch nicht ganz reife grüne Trauben
1 EL Fleischextrakt
Zitronensaft
40 g geschälte Mandeln
evtl. Zitronenmelisseblätter

1. Das Fleisch kalt abspülen, trockentupfen und ringsum kräftig pfeffern und salzen.
2. Das Öl erhitzen und das Filet darin von allen Seiten braun anbraten. Herunterschalten und die Butter zugeben. Das Fleisch weitere 7 Minuten unter Wenden braten.
3. In der Zwischenzeit die Trauben waschen und abzupfen.

4 Nun das Fleisch aus der Pfanne nehmen, in Alufolie wickeln, warm stellen.

5 Den Fleischextrakt in $^1/_4$ Liter heißem Wasser auflösen, in die Pfanne gießen und mit dem Bratensatz 10 Minuten sprudelnd kochen. Die Sauce mit Pfeffer, Salz und Zitronensaft abschmecken.

6 Die Trauben und Mandeln unterrühren und erhitzen.

7 Das Fleisch aufschneiden und in der Sauce anrichten.

Tipp

Die Sauce wird besonders fein, wenn die Trauben zuvor abgezogen werden. Dafür blanchieren Sie die Früchte kurz in heißem Wasser, schrecken sie danach kalt ab und ziehen die Haut vom Stielansatz her ab.

Schweinefilet in Folie

Für 5 Personen

1 Portion enthält:
309 Kilokalorien
6 g Fett
2 g Kohlenhydrate
57 g Eiweiß

1 kg Schweinefilet
2 TL Kümmel
2 TL Koriander
Pfeffer aus der Mühle
Salz
1 – 2 Bund Suppengrün
2 Zwiebeln
100 ml trockener Rotwein
$^1/_4$ l Brühe
1 Prise Zucker

Außerdem:
Bratbeutel

1. Den Backofen auf 220 °C (Umluft 200 °C, Gas Stufe 4 – 5) vorheizen. Vorher den Rost aus dem Ofen nehmen. Das Fleisch kalt abspülen und trockentupfen.
2. Kümmel und Koriander in einer Pfanne ohne Fett anrösten, bis es duftet. Im Mörser zerstoßen und mit Pfeffer und Salz mischen.
3. Das Suppengrün waschen, putzen und in Stücke schneiden. Die Zwiebeln schälen und achteln.
4. Das Fleisch mit der Würzmischung einreiben, das Gemüse in einen Bratbeutel geben, das Fleisch darauf setzen und den Beutel verschließen.
5. Das Ganze auf den kalten Rost legen, in den Ofen schieben und 1 $^1/_2$ Stunden garen.
6. Anschließend das Fleisch herausnehmen. Den Bratenfond samt Gemüse in einen Topf geben und mit dem Stabmixer pürieren.
7. Rotwein und Brühe dazugießen, etwas einkochen lassen und abschmecken.
8. Die Filets aufschneiden und mit der Sauce servieren.

Rindsrouladen mit Spätzle

Für 4 Personen

1 Portion enthält:
720 Kilokalorien
16 g Fett
75 g Kohlenhydrate
66 g Eiweiß

4 dünne Scheiben Ochsenfleisch aus der Keule (à 150 g)
Pfeffer aus der Mühle
Salz
4 TL mittelscharfer Senf
100 g sehr mageres Rauchfleisch
2 Zwiebeln
2 Bund glatte Petersilie
2 Essiggurken
30 g Schweineschmalz
1 Zwiebel
Suppengrün (z. B. Möhre, Sellerie)
$^1/_2$ l heiße Brühe
2 EL Tomatenmark

Für die Spätzle:
knapp 400 g Mehl
3 Eier
$^1/_2$ TL Salz

1. Das Fleisch waschen, trockentupfen, leicht klopfen. Von beiden Seiten pfeffern und salzen. Die Innenseite mit Senf bestreichen.
2. Für die Füllung das Rauchfleisch in feine Würfel schneiden, die Zwiebeln schälen und fein würfeln, die Petersilie waschen und fein hacken. Das Rauchfleisch andünsten, die Zwiebeln zugeben und glasig dünsten. Inzwischen die Gurken fein würfeln und mit der Petersilie unterrühren.
3. Die Fleischscheiben mit der Füllung bestreichen, zusammenrollen und mit Zahnstochern, Rouladennadeln oder Bindfaden befestigen.
4. In einem Topf das Fett erhitzen. Zwiebel, Möhre und Sellerie schälen, bzw. putzen und in grobe Stücke schneiden.
5. Rouladen im heißen Fett rasch von allen Seiten knusprig anbraten, Zwiebel und Gemüse zugeben und kurz mitbraten.
6. Etwas heiße Brühe dazugeben und bei geschlossenem Topf gut eine Stunde garen. Zwischendurch immer wieder Brühe nachgießen.
7. Für die Spätzle das Mehl, Eier, Salz und etwas kaltes Wasser in eine Schüssel geben. Mit dem Kochlöffel zu einem zähflüssigen Teig verarbeiten.
8. Eine Schüssel für die Spätzle im Ofen warm stellen. In einem weiten Topf reichlich Salzwasser zum Kochen bringen.
9. Den Teig portionsweise durch einen Spätzlehobel oder Spätzledrücker ins kochende Wasser gleiten lassen.
10. Sobald eine ganze Portion im Wasser ist, diese bei offenem Topf aufwallen lassen, bis die Spätzle oben schwimmen – dann sind sie gar. Die Spätzle mit dem Schaumlöffel herausnehmen, abtropfen lassen und in die warme Schüssel geben. So verfahren Sie weiter, bis der ganze Teig verbraucht ist.

11 Die Rouladen aus der Sauce nehmen. Nadeln, Zahnstocher oder Bindfaden entfernen.
12 Die Sauce mit dem Pürierstab pürieren. Mit Tomatenmark und eventuell Pfeffer und Salz abschmecken.
13 Die Rouladen zurück in die Sauce geben und zusammen mit den Spätzle servieren.

Tipp

Einfacher geht es, wenn Sie keine Füllung zubereiten, sondern die Fleischscheiben mit dem Rauchfleisch belegen, gehackte Zwiebeln und Petersilie darüberstreuen und in Scheiben geschnittene Essiggurken darauf verteilen. Dazu fertige Spätzle reichen – und Sie haben ein leckeres Sonntagsessen!

Filetsteak in Alufolie

Für 4 Personen

1 Portion enthält:
370 Kilokalorien
12 g Fett
3 g Kohlenhydrate
60 g Eiweiß

4 gut abgehangene, dicke Filetsteaks (à 200 g)
Pfeffer aus der Mühle
Salz
2 EL gemischte gehackte Kräuter
4 große Tomaten
60 g Champignons
4 TL Öl

1. Den Backofen auf 200 °C (Gas Stufe 3–4) vorheizen. Keine Umluft verwenden!
2. Das Fleisch mit einem feuchten Tuch abreiben und mit der Hand leicht klopfen. Die Fleischscheiben mit Pfeffer, wenig Salz und Kräutern auf beiden Seiten einreiben.
3. Die Tomaten und die Champignons waschen, putzen und in Scheiben schneiden.
4. Vier große Stücke Alufolie leicht einölen, das Fleisch darauf legen und das Gemüse darauf verteilen. Die Folie oben und auf den Seiten gut verschließen.
5. Im Ofen insgesamt etwa 20 Minuten garen (je nach Dicke der Steaks). Zwischendurch einmal umdrehen.
6. Die Steaks zusammen mit dem Bratensaft und dem Gemüse anrichten.

Tipp

Dazu schmecken Salat und Brot oder Ofenkartoffeln (siehe Seite 71). – Sie können die Steaks auch in Bratfolie zubereiten.

Fischcurry

Für 4 Personen

300 g Seelachsfilet
Zitronensaft
1 Zwiebel
1 TL Butter
1 TL Curry
1 TL Mehl
150 ml Gemüsebrühe
150 ml fettarme Milch
Pfeffer aus der Mühle
Salz

1 Portion enthält:
96 Kilokalorien
2 g Fett
3 g Kohlenhydrate
16 g Eiweiß

1. Den Fisch abwaschen, trockentupfen und mit Zitronensaft beträufeln. In den Kühlschrank stellen.
2. Die Zwiebel schälen und in feine Würfel schneiden.
3. Die Butter erhitzen und die Zwiebel darin glasig dünsten. Mit Curry bestäuben und kurz weiterdünsten.
4. Das Mehl unterrühren und aufschäumen lassen. Die Gemüsebrühe und die Milch einrühren und aufkochen.
5. Den Fisch in mundgerechte Stücke schneiden, pfeffern und leicht salzen.
6. Die Fischstücke vorsichtig in die nicht mehr kochende Sauce einrühren und etwa 5 Minuten mitgaren lassen.

Rhabarbergrütze

Für 4 Personen

1 Portion enthält:
231 Kilokalorien
0,2 g Fett
42 g Kohlenhydrate
1 g Eiweiß

750 g Rhabarber
$^1/_4$ l Wasser
1 Stück Orangenschale
100 g brauner Zucker
$^1/_4$ l trockener Weißwein
70 g Speisestärke

1. Den Rhabarber waschen, putzen, schälen, in zwei Zentimeter lange Stücke schneiden und in einem Topf mit Wasser, Orangenschale und Zucker zu Kompott kochen. Anschließend die Orangenschale entfernen.
2. Vom Wein einige Esslöffel kalt abnehmen und mit Stärke anrühren. Zusammen mit dem restlichen Wein ins kochende Kompott einrühren.
3. In Schälchen füllen und abkühlen lassen.

Tipp

Die Rhabarbergrütze ist gut vorzubereiten, denn sie kann über Nacht kaltgestellt werden.

Exotischer Obstsalat (Foto rechts)

Für 4 Personen

1 Portion enthält:
198 Kilokalorien
1 g Fett
43 g Kohlenhydrate
3 g Eiweiß

1 Limette
$^1/_2$ Ananas
1 Papaya
$^1/_2$ Honigmelone
2 Kiwi
250 g Erdbeeren
2 EL Akazienhonig

1. Die Limette auspressen.
2. Die anderen Früchte waschen, putzen oder schälen und in mundgerechte Stücke schneiden.
3. In einer Schüssel gleich mit dem Limettensaft beträufeln, mit dem Akazienhonig abschmecken.
4. Gut gekühlt servieren.

Die besten Rezepte für zwischendurch

Bei zu langen Pausen zwischen den Mahlzeiten sinkt der Blutzuckerspiegel ab. Die Folge: Sie werden unruhig, können sich nicht mehr so gut konzentrieren, haben vielleicht sogar regelrechten Heißhunger, oft auf etwas Süßes. Diese »Löcher« sollten Sie mit einem Snack auffangen. Eine kleine Zwischenmahlzeit bewahrt Sie nämlich davor, beim Mittag- oder Abendessen richtig »zuzuschlagen«. Als Snack sind Obst und Vollkornkekse erlaubt – oder eines der Sandwiches auf den folgenden Seiten. Natürlich können Sie auch mal ein Eis essen, wenn Sie richtig Lust darauf haben, oder hin und wieder am Currywurst-Stand sündigen. Aber dann achten Sie bitte darauf, dass die restlichen Mahlzeiten an diesem Tag etwas fettärmer ausfallen.

Hackbrötchen

Für 1 Person

1 Portion enthält:
271 Kilokalorien
5 g Fett
23 g Kohlenhydrate
33 g Eiweiß

1 Vollkornbrötchen
3 Blätter Kopfsalat
130 g Tatar mit Zwiebeln
1 Tomate
Pfeffer aus der Mühle

1. Das Brötchen aufschneiden. Die Salatblätter waschen, trockentupfen und auf das untere Teil legen. Das Tatar mit den Zwiebeln darauf verteilen.
2. Die Tomate waschen und den Strunk entfernen. Die Tomate in Scheiben schneiden, auf dem Tatar anrichten, pfeffern und die zweite Brötchenhälfte darauflegen.

Käsebrötchen

Für 1 Person

1 Portion enthält:
274 Kilokalorien
10 g Fett
28 g Kohlenhydrate
18 g Eiweiß

2 schöne, große Salatblätter
1 Tomate
1 Roggenvollkornbrötchen
Pfeffer aus der Mühle
1 dünne Scheiben Edamer (30 % Fett i. Tr.)

1. Die Salatblätter waschen und trockentupfen.
2. Die Tomate waschen und in Scheiben schneiden.
3. Das Brötchen halbieren und mit den Salatblättern belegen. Mit Tomate und dem Käse garnieren, nach Belieben pfeffern. Brötchen zusammenklappen.

Roastbeefbrot

Für 1 Person

2 große Salatblätter
1 große Scheibe Vollkornbrot
2 Scheiben Roastbeef
2–3 EL Tsatsiki
Pfeffer aus der Mühle

1 Portion enthält:
223 Kilokalorien
3 g Fett
22 g Kohlenhydrate
27 g Eiweiß

1. Die Salatblätter waschen und trockentupfen.
2. Das Brot mit den Salatblättern belegen.
3. Roastbeef und Tsatsiki darauf legen und pfeffern.

Salatbrötchen

Für 2 Brötchen

je 100 g Erbsen, Mais, Möhren (aus der Dose oder TK)
2 Scheiben gekochter Putenschinken ohne Fettrand
1 hart gekochtes Ei
1 EL Magerjoghurt
1 EL Mayonnaise
1 EL Schnittlauchröllchen
Pfeffer aus der Mühle
Zitronensaft
2 Vollkornbrötchen

1 Portion enthält:
338 Kilokalorien
11 g Fett
39 g Kohlenhydrate
20 g Eiweiß

1. Das Gemüse aus der Dose absieben oder das Gemüse aus der TK wie auf der Packung beschrieben garen, abschrecken und abkühlen lassen.
2. Den Schinken in feine Streifen schneiden.
3. Das Ei im Eierschneider einmal längs und einmal quer in Würfel schneiden.
4. Den Joghurt mit der Mayonnaise und dem Schnittlauch verrühren und mit Pfeffer und Zitronensaft abschmecken.
5. Das Gemüse und den Schinken unterrühren.
6. Die beiden Brötchen durchschneiden, das Innere fest eindrücken und mit dem Salat füllen.

Tipp

Wenn Sie die Salatbrötchen am Arbeitsplatz oder unterwegs essen möchten, legen Sie zwischen Belag und Brötchen ein Salatblatt, dann weicht das Brot nicht durch.

Schafskäsebrötchen

Für 1 Person

$^1/_2$ rote Paprikaschote
60 g Salatgurke
2 große Salatblätter
30 g Schafskäse
1 TL Kräuter
1 TL Meerrettich
Pfeffer aus der Mühle
Salz
1 Vollkornbrötchen

1 Portion enthält:
102 Kilokalorien
6 g Fett
34 g Kohlenhydrate
14 g Eiweiß

1. Die Paprikaschote waschen, den Stiel ausschneiden, die Kerne auswaschen und das Fruchtfleisch in feine Würfel schneiden.
2. Die Gurke schälen und ebenfalls würfeln. Die Salatblätter waschen und trockentupfen. Den Schafskäse zerbröseln.
3. Paprikaschote, Gurke und Käse mit Kräutern, Meerrettich, Pfeffer und Salz vermischen und abschmecken.
4. Die Brötchen halbieren, mit den Salatblättern belegen und den Salat darauf anrichten.

Kressebrot

Für 1 Person

2 große Kopfsalatblätter
5 Radieschen
1 Scheibe Vollkornbrot
1 Kästchen Kresse
1 Scheibe Appenzeller (50 % Fett i. Tr.)
Zwiebelringe
Pfeffer aus der Mühle
Salz

1 Portion enthält:
203 Kilokalorien
7 g Fett
21 g Kohlenhydrate
14 g Eiweiß

1. Die Salatblätter waschen und trockentupfen. Die Radieschen waschen, putzen und hobeln.
2. Das Brot mit den Salatblättern belegen.
3. Die Kresse abschneiden und auf dem Salat verteilen.
4. Den Käse darauf legen, die Radieschen darauf verteilen und mit den Zwiebelringen garnieren. Pfeffern und salzen.

Zehn-Minuten-Toast

Für 1 Person

1 Portion enthält:	*1/4 Zwiebel*	*1 Ei*
360 Kilokalorien	*Öl für die Pfanne*	*1 TL Petersilie*
20 g Fett	*1/2 Paprikaschote*	*Pfeffer aus der Mühle*
17 g Kohlenhydrate	*1 Scheibe gekochter magerer Schinken*	*2 Scheiben Vollkorntoast*
28 g Eiweiß		

1. Die Zwiebel schälen und fein würfeln. Öl in einer kleinen Pfanne erhitzen und die Zwiebel darin andünsten.
2. Die Paprikaschote waschen, putzen, Stiele und Kerne entfernen. Die Paprika in feine Streifen schneiden.
3. Den Schinken in schmale Streifen schneiden und zugeben. Alles einige Minuten braten.
4. Das Ei in eine Tasse schlagen, mit der Petersilie verquirlen und in die Pfanne geben, die Hitze reduzieren und das Ei stocken lassen.
5. Das Ei wenden und pfeffern. Währenddessen toasten Sie das Brot und belegen es dann mit dem Omelett.

Mixgetränke

Alkoholfreie Mixgetränke aus Obst oder Gemüse sind ebenfalls sättigend und ein optimaler Snack fürs Büro. Sie lassen sich schnell und ohne viel Aufwand zubereiten. Allerdings sollten die Säfte möglichst frisch verzehrt werden. Sie verlieren jede Menge Vitamine, wenn sie länger stehen.

Vitamintrunk

Für 1 Person

80 ml frisch gepresster Orangensaft
80 ml Ananassaft
4 große Erdbeeren
knapp $^1/_2$ Banane
1 Eigelb

1 Portion enthält:
262 Kilokalorien
9 g Fett
36 g Kohlenhydrate
7 g Eiweiß

- Alle Zutaten in einen Mixer geben und gut durchmixen.

Tipp

Wer möchte, kann sich den Trunk mit einem Esslöffel Sirup – zum Beispiel Erdbeersirup – versüßen.

Herzhafte Buttermilch

Für 1 Person

$^1/_4$ Salatgurke
1 Bund Dill
2 Scheiben roher magerer Schinken
$^1/_4$ l Buttermilch
Pfeffer aus der Mühle
Salz

1 Portion enthält:
212 Kilokalorien
6 g Fett
12 g Kohlenhydrate
27 g Eiweiß

1. Die Gurke schälen, die Kerne mit einem Esslöffel entfernen.
2. Den Dill waschen, trockenschütteln und alle dicken Stängel abzupfen.
3. Die Gurke zusammen mit dem Dill, dem Schinken und der Buttermilch in den Mixer geben und fein mixen.
4. Mit Pfeffer und Salz abschmecken.

Bananenmilch

Für 1 Person

$^1/_2$ unbehandelte Zitrone
1 mittelgroße Banane
1 EL Ahornsirup
$^1/_8$ l fettarme Milch

1 Portion enthält:
176 Kilokalorien
2 g Fett
33 g Kohlenhydrate
5 g Eiweiß

1. Die Zitrone heiß abwaschen und die Schale mit der Muskatreibe abreiben. Danach den Saft auspressen.
2. Die Banane schälen, in Stücke schneiden und zusammen mit der Zitronenschale, einem Esslöffel Zitronensaft, Sirup und Milch in einen Mixer geben.
3. Gleichmäßig mixen und sofort servieren.

Fruchtmolke

Für 1 Person

100 ml Molke
etwas Akazienhonig
100 ml Traubensaft
100 ml Bananen- oder Apfelsaft

1 Portion enthält:
146 Kilokalorien
1 g Fett
31 g Kohlenhydrate
2 g Eiweiß

- Alle Zutaten in einen Mixer geben, gut aufschäumen und gekühlt servieren.

Pfirsichmilch

Für 1 Person

1 reifer Pfirsich
1 TL Vanillezucker
150 ml fettarme Milch

1 Portion enthält:
118 Kilokalorien
3 g Fett
17 g Kohlenhydrate
6 g Eiweiß

1. Den Pfirsich waschen, vierteln.
2. Pfirsichstücke, Vanillezucker und Milch in einen Mixer geben und alles gleichmäßig zerkleinern.

Tipp

Statt Vanillezucker können Sie auch Vanilleschote verwenden: Eine Vanilleschote der Länge nach halbieren und mit einem Messerrücken ausschaben. Dieses Mark in die Milch rühren.

Salate, Dressings und Dips

Salate und Rohkost können als komplettes Mittag- oder Abendessen, aber auch als Zwischenmahlzeit genossen werden. Es ist kein großer Aufwand, ein paar Salatblätter zu putzen, und Möhren, Paprika und Gurke sind ebenfalls schnell geschält und in mundgerechte Stücke geschnitten. Hier ein paar Tipps zum Zubereiten von Salaten und Dressings.

- Bereiten Sie Salatdressings gleich in größeren Mengen vor, Sie können sie gut im Kühlschrank aufbewahren. Zwiebeln und Kräuter sollten Sie allerdings nicht sofort, sondern erst bei Bedarf portionsweise zugeben.
- Wenn Sie den Salat zu Hause zubereiten und mit an den Arbeitsplatz nehmen, mischen Sie die Sauce erst kurz vor dem Essen unter.
- Salate aus gekochtem Gemüse sollten Sie im Winter aus tiefgefrorenem Gemüse zubereiten. Vermeiden Sie Gemüsekonserven: Sie enthalten wesentlich weniger Vitamine als Tiefkühlgemüse.
- Mit mageren Putenstreifen oder Bündner Fleisch machen Sie aus dem Salat eine Hauptmahlzeit.
- Tiefgekühlte Kräuter schmecken intensiver als getrocknete – und sie enthalten auch noch mehr Vitalstoffe.
- Blattsalate bleiben schön knackig, wenn Sie sie waschen, trockenschleudern und in einem Gefrierbeutel gut verschlossen eine Stunde ins Gemüsefach des Kühlschrankes legen.

Vier Grundrezepte für Dressings

Joghurtdip für Rohkost: 125 g Magerjoghurt mit 2 EL saurer Sahne verrühren. Mit 1 EL Zitronensaft, Pfeffer aus der Mühle, Salz und Zucker abschmecken. Nach Belieben Kräuter unterrühren.

Nussdressing für Rohkost: 70 g gehackte Haselnüsse mit 200 g Magerjoghurt, 3 EL Zitronensaft, 1 EL mittelscharfem Senf, Pfeffer aus der Mühle, Salz und jeweils 2 EL Dill und Schnittlauch kräftig verrühren.

Italienisches Salatdressing: 4 EL Balsamessig mit 2 EL Olivenöl, Pfeffer aus der Mühle, Salz und einer Prise Zucker verrühren. Frisch gehacktes Basilikum unterrühren.

Dressing für klassische Salate: 4 EL Essig mit 2 EL Rapsöl, 1 TL mittelscharfem Senf, 2 EL feinen Zwiebelwürfeln, Pfeffer aus der Mühle, Salz, Akazienhonig und 2 EL gehackter Petersilie verrühren.

Essen unterwegs

Wer berufstätig ist, kommt nur in den seltensten Fälle dazu, mittags zu Hause zu essen und sich so bewusst und ausgewogen zu ernähren. Viele neigen außerdem dazu, auf die Schnelle »Mittag zu machen« – und achten dabei wenig auf eine gesunde Zusammenstellung der Speisen.

Gesundes Kantinenessen

Unmengen an Fleisch sind weder der Gesundheit noch der Figur förderlich. Zwei oder drei Tage die Woche sollten Sie fleischlos essen.

In Ihrer Firma gibt es eine Kantine? Dann können Sie meist zwischen mehreren Menüs auswählen oder Ihre Mahlzeit selbst aus einzelnen Komponenten zusammenstellen. Viele Betriebskantinen bieten außerdem eine reichhaltige Salatbar und mindestens ein Gericht ohne Fleisch. Nutzen Sie dieses Angebot! Wenn Sie regelmäßig in der Kantine essen, halten Sie sich möglichst an folgende Tipps:

- Verzichten Sie auf Alkohol. Denn selbst ein kleiner Aperitif sorgt dafür, dass Sie mehr Appetit haben. Trinken Sie stattdessen eine Saftschorle oder einfach Mineralwasser.
- Wählen Sie als Vorspeise so oft wie möglich einen Salat. Dann hat Ihr Magen schon mal etwas zu tun, bevor Sie zum Hauptgericht übergehen. Sie verspüren früher ein Sättigungsgefühl und essen beim Hauptgang automatisch etwas weniger.
- Bereiten Sie Ihr Salatdressing möglichst selbst zu, dies ist mittlerweile in vielen Firmenkantinen möglich.
- Ziehen Sie klare Suppen den gebundenen vor. Wenn keine klare Suppe im Angebot ist, greifen Sie lieber zum Salat.
- Sparen Sie bei der Sauce. Vor allem gebundene und Sahnesaucen sollten Sie sich verkneifen. Wenn es nur gebundene Saucen gibt, verzichten Sie lieber ganz darauf.
- Wählen Sie Beilagen, die reich an Ballaststoffen sind, z. B. Naturreis, Kartoffeln oder Vollkornnudeln.
- Essen Sie nichts Paniertes oder in Fett Gebackenes (wie z. B. Wiener Schnitzel oder Pommes Frites).

• Entscheiden Sie sich für gedünstetes Gemüse, das nicht mit gebundenen Saucen oder mit Sahne serviert wird.
• Als Dessert wählen Sie keine Creme und keinen Pudding, sondern lieber einen Obstsalat aus frischen Früchten oder einfach frisches Obst.
• Sprechen Sie mit Ihrem Kantinenkoch, ob er Sie bei Ihrer Diät unterstützt. In vielen Firmen werden mittlerweile sogar Diätmenüs angeboten.

Diese Tipps gelten auch für das Essen im Restaurant.

Essen zum Mitnehmen

Wenn Sie keine Kantine benutzen können, bringen Sie Ihr Mittagessen am besten von zu Hause mit. Das kann ein Salat oder ein Sandwich sein. Vielleicht haben Sie auch die Möglichkeit, in einer Mikrowelle Mitgebrachtes aufzuwärmen. Dafür sind allerdings Fertiggerichte aus dem Supermarkt weniger geeignet. Ein aufmerksamer Blick auf die Zutaten- und Nährstofflisten offenbart meist einen recht hohen Fettgehalt. Zudem ist der Gehalt an Vitalstoffen bei einem industriell verarbeiteten Fertiggericht nur noch gering. Bei Tiefkühlkost sieht es etwas anders aus: Durch das Schockgefrieren bleiben mehr Nähr- und Vitalstoffe erhalten. Für das Büro ist Tiefkühlkost allerdings unpraktisch.
Kalte Mahlzeiten können Sie ideal in Brotzeitdosen transportieren. Wenn Sie – gerade im Sommer – einen kleinen Kühlakku dazupacken, können Sie mittags einen leckeren, frischen Salat genießen. Um warme Mahlzeiten zu transportieren gibt es Thermodosen. Sie müssen jedoch beachten, dass Gekochtes darin noch nachgart.

Den kleinen Hunger sinnvoll stillen

Häufig ist es der Snack zwischendurch, an dem eine ausgeklügelte Diät scheitert. Auf den Seiten 114 bis 118 haben wir Ihnen schon einige Vorschläge gemacht, wie Sie Ihren kleinen Hunger mit lecker belegten Brötchen stillen können. Gut geeignet zum Mitnehmen sind auch fettarme Milchprodukte (Quark oder Joghurt), frisches Obst oder Rohkost (Möhren, Tomaten, Radieschen, Gurken).

Hungerattacke am Nachmittag

Wenn Sie mittags »normal« gegessen haben, sollten Sie Ihren Nachmittagssnack darauf abstimmen. Auf diese Weise können Sie Ihre Ernährung ausgewogen gestalten.

Beim Mittagessen hat gefehlt	Als Nachmittagssnack passt
Reis, Teigwaren, Kartoffeln	Belegtes Brot, Müsli, Reis- oder Nudelsalat
Salatbeilage	Salate, Rohkost zum Knabbern
Dessert	Obst pur, Obstsalat, Milchprodukte

Der schnelle Griff zum Fett

Cheeseburger, Pommes, Currywurst, Pizza ... jeder kennt und die meisten mögen die kleinen Leckereien aus den Imbissbuden. Selbst wenn Ihr Betrieb eine Kantine hat oder Sie Ihre Mittagspause im Restaurant verbringen können: Fastfood geht einfach schneller und kann gut unterwegs »nebenbei« gegessen werden. Gegen eine Currywurst ist grundsätzlich nichts zu sagen, aber sie sollte nicht allzu oft auf dem Speiseplan stehen. Wie die meisten schnellen Snacks enthält auch sie viele versteckte Fette. Aber Fastfood ist nicht grundsätzlich zu verdammen, wenn Sie sich folgende Tipps zu Herzen nehmen:

- Essen Sie Geflügel statt Pizza oder Leberkäse.
- Nehmen Sie Salate statt Pommes frites.
- Trinken Sie Fruchtsaft und Mineralwasser statt Cola.
- Essen Sie Vollkornbrötchen statt Weißbrot und Croissants.

Fastfood sollte möglichst nicht zur Gewohnheit werden: Es enthält in der Regel viele versteckte Fette.

Fett in Fastfood

Fastfood-Produkt je 100 g **(wenn nichts anderes angegeben)**	Fettgehalt
Pommes frites (mittlere Portion)	16,2 g
Currywurst (150 g) mit Curry-Ketchup (40 g)	49 g
Bratwurst (150 g) mit Brötchen/Senf	51 g
Bockwurst mit Brötchen/Senf	27 g
Leberkäse mit Brötchen/Senf	47 g
Kartoffelpuffer	22 g
Frikadelle	10 g
Pizza Margherita (200 g)	17 g
Gyros-Sandwich mit Rohkostsalat	32 g
Salamibrötchen	37 g

Schinkenhörnchen	14 g
Zwiebelkuchen	35 g
1 Stück Käsekuchen	16 g
1 Hamburger	10 g
1 Cheeseburger	14 g
1 Big Mäc	29 g
1 Fischmäc	20 g
6 Stück Chicken McNuggets	16 g
Chefsalat mit Hausdressing von McDonald's	20 g

Ihr Arbeitstag ist die Nacht?

Schicht- und Nachtarbeiter sind besonderen Belastungen ausgesetzt: Denn gerade dann, wenn ihr Körper eigentlich auf Ruhe eingestellt ist und alles auf Sparflamme laufen lässt, müssen sich Stoffwechsel, Gehirn und Muskeln besonders anstrengen.

- Bei Nachtarbeitern sollte gegen Mitternacht unbedingt eine leichte, warme Mahlzeit auf dem Speiseplan stehen. Das vertreibt die Müdigkeit und erhöht die Konzentration.
- Gegen 3 Uhr früh empfiehlt sich eine kleine Zwischenmahlzeit.
- Wenn in Ihrem Betrieb nachts keine Kantine geöffnet ist, sollten Sie die entsprechenden Mahlzeiten zu Hause vorbereiten und mitbringen.

Abendessen im Restaurant

Sie müssen oft an abendlichen Geschäftsessen teilnehmen? Selbst wenn es Ihnen lästig ist, sollten Sie sich trösten: Denn die so genannte neudeutsche Küche bietet viele leichte und gesunde Speisen. Auch die Portionen sind nicht zum Vollstopfen, sondern eher zum Genießen gedacht. Je teurer und gehobener das Restaurant, desto bereitwilliger wird man auf Ihre individuellen Wünsche eingehen. Wenig Probleme gibt es in dieser Hinsicht in italienischen Lokalen: Hier ist das Servieren einer »mezzo portione« (also einer halben Portion) meist keine große Sache. Wenn Sie das Lokal bestimmen können, wählen Sie ein italienisches oder auch japanisches Restaurant – in beiden bekommt man viele leichte Speisen.

400 Kilokalorien am Abend sind genug

Vergessen Sie nicht: Wie viel von der servierten Portion Sie verzehren, liegt allein bei Ihnen!

Eine amerikanische Forschergruppe hat herausgefunden, dass abends essen nicht zwangsläufig dick macht. Andere Studien jedoch haben ergeben, dass nach der gleichen Mahlzeit abends weniger verbrannt und mehr gespeichert wird als am Morgen oder Mittag. Ihr Körper braucht am Abend höchstens 400 Kilokalorien – eine Menge, die bei jedem Restaurantbesuch spielend überboten wird! Achten Sie darum auf Folgendes:

- Versuchen Sie, abends nicht allzu spät zu essen. Nicht nur, weil Sie dann vermutlich schlecht schlafen, sondern weil Ihr Körper sich am Abend auf seine Ruhephase vorbereitet: Stoffwechsel und Verdauung laufen nachts langsamer ab.
- Trinken Sie statt eines alkoholischen Aperitifs ein Glas Wasser oder Tomatensaft.
- Verzichten Sie vor dem Essen auf Butter oder Schmalz samt Weißbrot.
- Wählen Sie als Vorspeise einen Salat.
- Klare Suppen haben deutlich weniger Kalorien als mit Sahne verfeinerte.
- Vermeiden Sie üppige Mahlzeiten, sehr fette oder schwer verdauliche Speisen. Sie bleiben lange im Magen liegen.
- Essen Sie am Abend viele Ballaststoffe, damit unterstützen Sie die Verdauung.
- Speisen aus Fisch, Geflügel oder Kalbfleisch sind leichte Hauptgerichte.
- Gedünstetes liefert weniger Fett als Gebratenes.
- Wählen Sie eine Beilage mit reichlich Ballaststoffen und wenig Fett (Naturreis, Salz- oder Pellkartoffeln).
- Leichte Desserts sind Obstsalate (ohne Alkohol) oder Sorbets.
- Halten Sie sich beim Alkoholgenuss zurück.

Essen auf Reisen

Sie üben einen Beruf aus, bei dem Sie ständig auf Achse sind? Dann wissen Sie, dass Autofahren anstrengender ist als jeder Bürojob. Sie sitzen stundenlang beinahe unbeweglich hinterm Steuer, müssen hochkonzentriert und ständig auf kritische Situationen gefasst sein. Umso mehr kommt es dann auf die richtige Ernährung an. Nicht nur, wenn Sie Ihr Gewicht halten oder sogar abnehmen wollen, sondern auch, um heil anzukommen. Sie sollten wissen:

Wenn Sie viel mit dem Auto unterwegs sind, sollten Sie regelmäßige Pausen einlegen und auf deftige Speisen verzichten.

- Blähende Speisen und stark kohlensäurehaltige Getränke belasten den Darm.
- Langes Sitzen hinterm Steuer engt Magen und Darmtrakt ein. Beide werden schlechter durchblutet – das schränkt die Verdauung und damit die allgemeine Leistungsfähigkeit ein.
- Durch das eingeengte Sitzen drückt der Darm zusätzlich auf das Zwerchfell, das wiederum aufs Herz drückt. Das kann zu Beschwerden führen.
- Ihre Muskeln werden beim langen Sitzen einseitig belastet, und Sie haben wenig Chancen auf bewusste Muskelentspannung.
- Rückenschmerzen und schlechte Luft (im Sommer wegen hoher Außentemperatur, im Winter wegen der Heizung) beeinträchtigen das Wohlbefinden gewaltig.
- Bedenken Sie: Nur wer sich wohl fühlt, fährt auch sicher! Hüten Sie sich davor, ohne Frühstück und so früh wie möglich loszufahren, damit Sie bis zur ersten Pause schon etliche Kilometer hinter sich haben. Wenn Sie dann auch noch hungrig ein viel zu reichhaltiges Mittagessen hinunterschlingen, begleitet von eiskalten Getränken, tun Sie sich wahrlich nichts Gutes! Nach einer üppigen Mahlzeit muss der Magen-Darm-Trakt schwere Verdauungsarbeit leisten. Das Gehirn wird dann weniger durchblutet, Sie werden unaufmerksam, Ihre Reaktionen sind langsamer. Mittlerweile haben die meisten Autobahnraststätten eine breite Auswahl auch an leichten Speisen. Auf langen Fahrten sollten Sie lieber zu kleinen und fettarmen Mahlzeiten greifen als zum heiß geliebten Wiener Schnitzel mit Pommes.

Stopp für Autofahrer

Die DGE (Deutsche Gesellschaft für Ernährung e.V.) hat eine kleine Liste von Nahrungsmitteln zusammengestellt, die Autofahrer unterwegs meiden sollten.

- Große Portionen – vor allem beim Fleisch!
- Fettes Fleisch und fette Wurst
- Hülsenfrüchte (weiße Bohnen, Linsen, Erbsen)
- Kohlgemüse
- Zwiebeln
- Salate mit Mayonnaise, wie Kartoffel- oder Nudelsalat
- Fette Saucen
- Pommes frites
- Bratkartoffeln
- Kartoffelpuffer
- Alkohol
- eisgekühlte Getränke
- stark Kohlensäurehaltige Getränke

Bei längeren Autofahrten sollten Sie vor allem genug trinken. Durch die oft trockene und zu warme Luft im Fahrzeug ist der Wasserbedarf Ihres Körpers noch höher als sonst

Ernährungstipps für Autofahrer

- Essen Sie kleine Portionen von fettarmen Fisch- und Fleischgerichten.
- Die Gemüsebeilage kann ruhig groß ausfallen.
- Essen Sie leichte Suppen, Gemüse- und Blattsalate mit Vollkornbrot.
- Als Zwischenmahlzeit bieten sich fettarme Milchprodukte (Joghurt und Quark), belegte Vollkornbrote oder -brötchen, Müsli, Gemüserohkost und Obst an.
- Wenn Sie es nicht schaffen, Ihre Mahlzeiten selbst vorzubereiten, wählen Sie in der Raststätte entsprechende »leichte« Angebote.
- Wer regelmäßig weit fahren muss, schafft sich am besten eine Kühlbox fürs Auto an. Dann können Sie alles gut gekühlt und frisch genießen.
- Auch wenn Sie nicht von zu Hause aus starten: In jedem Supermarkt, in jeder Bäckerei finden Sie die richtigen Zutaten, um Ihre Mahlzeiten für unterwegs selbst zuzubereiten. Ein Vollkornbrötchen mit fettarmer Wurst (oder Käse), einem knackigen Salatblatt, ein paar Gurkenscheiben oder einigen Radieschen – ein leichter, aber dennoch sättigender Genuss.
- Fettarmen Joghurt oder Quark bekommen Sie in jeder Raststätte – oder Sie kaufen im nächstgelegenen Supermarkt ein.

- Süßigkeiten bringen Energie, aber nur sehr kurzfristig. Und sie enthalten viele »schlechte« Kohlenhydrate. Verzichten Sie also lieber auf den Schokoriegel und holen Sie sich Ihre Power aus frischem Obst: Äpfel oder Birnen, Bananen oder Pfirsiche, Aprikosen oder Nektarinen ...
- Als Getränke haben sich kohlensäurearmes Mineralwasser, Frucht- oder Gemüsesaftschorle und Früchtetee bewährt. Sie löschen den Durst und liefern genügend Mineralien, aber nicht zu viel Energie. Die Getränke sollten nicht eiskalt sein, weil sie sonst zu Magenbeschwerden führen können. Wenn die Flüssigkeitsverluste über den Schweiß nicht ausgeglichen werden, hat das Folgen für die Konzentrationsfähigkeit und das Wohlbefinden. Schon bei einem Verlust von zwei Prozent des Körpergewichtes vermindert sich die Leistungsfähigkeit.
- Sie sollten grundsätzlich mindestens eineinhalb, besser zwei Liter Flüssigkeit pro Tag zu sich nehmen – das gilt auch, wenn Sie mit dem Auto unterwegs sind.
- Verzichten Sie auf die so genannten Muntermacher wie Kaffee oder Cola-Getränke. Die überdecken Ihre Müdigkeit nur und können sogar fahrig und unkonzentriert machen, wenn Sie zu viel davon trinken.
- Alkohol ist beim Autofahren auf jeden Fall tabu!

Nur Bewegung hält schlank!

Nur Bewegung macht und hält schlank. Das sollten Sie besser von vornherein verinnerlichen. Wer auf der faulen Haut liegt, wird vielleicht – mit bewusster Ernährung – ein paar Pfunde oder sogar Kilos abspecken. Aber das Ergebnis wird nicht besonders knackig sein, denn wie schon erwähnt: Weniger essen macht leichter, weil der Körper Muskeln abbaut. Aber nur durch sportliche Betätigung verbrennt er auch Fett. Also meine Herren: Wenn Sie wirklich fit und gesund sein möchten, kommen Sie um etwas Bewegung nicht herum.

1. Irrtum: »Wer sich viel bewegt, kann alles essen!«

Auch wenn Sie regelmäßig Sport treiben, sollten Sie auf allzu fetthaltiges Essen verzichten.

Täuschen Sie sich nicht: So viele Kalorien können Sie gar nicht verbrennen, dass all Ihre Ernährungssünden sich in Luft auflösen und Sie sozusagen automatisch zu einer guten Figur kommen. Ein paar Beispiele mögen es Ihnen verdeutlichen:

- Eine Scheibe Vollkornbrot mit Käse oder eine Hand voll Weintrauben oder ½ Liter Buttermilch – dafür müssten Sie jeweils 15 Minuten laufen und dabei auch noch die Strecke von zweieinhalb Kilometern zurücklegen.
- ½ Liter Apfelsaft oder ½ Tafel Schokolade oder eine Portion Müsli mit Milch oder ein kleines Steak – dafür sollten Sie jeweils 30 Minuten auf die Langlaufloipe gehen und dabei nicht trödeln, sondern vier Kilometer schaffen.
- Ein Müsliriegel oder 70 Gramm getrocknete Feigen oder eine Portion Kartoffeln oder 150 Gramm Fruchtquark – um das wieder abzutrainieren, müssten Sie sich jeweils eine Stunde aufs Fahrrad schwingen und zehn Kilometer radeln.
- ¼ Liter Vollmilch oder eine mittelgroße Banane oder eine Portion Kabeljaufilet oder ein Vollkornbrot mit Quark und Honig – das haben Sie jeweils nach einer halben Stunde Schwimmen abgearbeitet. Sie dürfen allerdings nicht plantschen, sondern müssen stramme 600 Meter kraulen.

• Ein kleines Stück Obstkuchen mit Sahne oder $^1/_2$ Liter Bier oder eine Portion Hähnchenbrust oder 50 Gramm Vollkornkekse – das bedeutet, dass Sie jeweils 30 Minuten Tennis spielen sollten.

Ganz schön hart, nicht wahr? Denken Sie daran, wenn Sie das nächste Mal am Imbissstand eine Portion Pommes mit Ketchup futtern: Allein dafür müssten Sie eigentlich auf dem Tennisplatz eine knappe Stunde schwitzen!

2. Irrtum: »Nur Spitzenleistungen machen schlank!«

Stark Übergewichtige sollten gelenkschonende Sportarten wählen, wie z. B. Schwimmen oder Rad fahren.

Jeden Morgen ein kleiner Marathonlauf, nach Feierabend im Fitnessstudio die Muskeln stählen, am Wochenende aufs Fahrrad und ab in die Berge – wer ständig an seine Grenzen geht, nimmt natürlich zunächst ab. Aber: Der Körper baut dann kein Fett ab, sondern verbrennt lediglich Kohlenhydrate. Wenn Sie jedoch »ran an den Speck« wollen, sind kurzfristige Höchstleistungen nicht geeignet. Das Motto »Viel hilft viel!« ist hier nicht gültig. Wenn Sie Sport treiben, um schlank zu werden und zu bleiben, sollten Sie vor allem regelmäßig trainieren und den Körper dabei nicht zu sehr belasten. Nur andauernde und schonende Belastung greift die Fettspeicher an, das bedeutet konkret: Neben Gymnastik für das Muskeltraining sollten Sie zwei- bis dreimal pro Woche mindestens 30 Minuten Ausdauersport betreiben. Sie dürfen dabei ruhig außer Atem kommen, sollten aber noch nebenbei reden können. Ob Sie sich für Laufen, Schwimmen, Rad fahren entscheiden, bleibt Ihnen überlassen. Richten Sie sich nach Ihren Vorlieben und Möglichkeiten.

3. Irrtum: »Es ist egal, was ich beim Sport esse.«

Ihr Körper ist zwar kein Dummkopf, aber auch kein Genie. Er verwertet leider alles, was Sie in ihn hineinstopfen – und setzt es dann an unpassenden Stellen in Form von Rettungsringen und unschönen Polstern ab. Sie sollten wissen:

• Kohlenhydrate sind die wichtigste und schnellste Energiequelle für die Arbeit Ihrer Muskeln. Sportlernahrung sollte sich daher stets an einer kohlenhydratreichen Kost orientieren – nehmen Sie also vor dem Sport einen kleinen kohlenhydratreichen und fettarmen Imbiss zu sich.

• Eiweiß hat als Energielieferant für Ihre Muskeln nur dann Bedeutung, wenn Sie mehr als zwei oder drei Stunden Hochleistungssport am Stück betreiben – wenn Sie also beispielsweise einen Marathonlauf machen.

• Fett ist eine Energiebombe. Doch nur wenn Sie Ausdauertraining (mindestens 45 Minuten gemütlich Radeln, Laufen, Schwimmen ...) betreiben, können Sie sicher sein, dass Ihre Muskeln sich die benötigte Kraft nach und nach aus den Fettdepots holen.

Sie sehen also: Es kommt durchaus darauf an, womit Sie Ihren Körper »füttern«. Natürlich müssen Sie auch stets genügend trinken, dies ist vor allem nach der sportlichen Betätigung wichtig. Und zwar meinen wir damit nicht das heiß ersehnte Bierchen nach dem freundschaftlichen Fußballspiel. Ebenso ungeeignet sind Cola und Limonade, Schwarzer Tee und Kaffee. Optimal ist magnesiumreiches Mineralwasser, es sollte etwa 100 Milligramm Magnesium pro Liter enthalten. Außerdem sollten Sie auf kohlensäurearmes Wasser achten, denn es ist besser verträglich, und Sie können es auch in größeren Mengen trinken. Gegen Obst- und Gemüsesäfte ist natürlich ebenfalls nichts einzuwenden – wenn sie ungezuckert sind. Als Schorle sind sie sehr erfrischend, dazu verdünnen Sie den Saft mit dem Wasser im Verhältnis 1:3 oder 1:5. Etwa 15 Minuten vor dem Sport sollten Sie ebenfalls Mineralwasser pur oder mit Saft gemischt trinken.

Sport muss Spaß machen

Ihr Wochenprogramm sollte zwei- bis dreimal mindestens 30 Minuten Ausdauertraining enthalten, außerdem Gymnastikübungen. Schon insgesamt drei Stunden pro Woche werden Wirkung zeigen!

Wenn es darum geht, sich für eine Sportart zu entscheiden, haben Sie die Qual der Wahl. Ob Sie durch den Wald radeln oder sich einem Lauftreff anschließen, ob Sie in ein Fitnessstudio gehen oder zu Hause Gymnastik machen – wichtig ist, dass es Ihnen Spaß macht, sonst halten Sie auch das beste Sportprogramm nicht durch. Probieren Sie verschiedene Sportarten aus und entscheiden Sie dann, was Ihnen entspricht.

Die Sportart Ihrer Wahl sollte natürlich für Ausdauer und Kondition sorgen, dabei aber auch das optische Erscheinungsbild verbessern. Dazu zählen z. B. Schwimmen und Laufen bzw. Gehen, Fahrrad fahren und Inline-Skaten in Verbindung mit gezielten Gymnastikübungen. Fangen Sie mit kleinen Trainingseinheiten an, machen Sie Pausen, wenn Ihnen die Puste ausgeht.

Regelmäßiger Sport verbessert die Beweglichkeit und kurbelt den Stoffwechsel an, nur mit ständiger Bewegung können Muskeln aufgebaut werden. Wenn

Sie etwas geübt sind, können Sie die Trainingseinheiten verlängern, um schließlich auch Fett zu verbrennen. Auch im Alltag sollten Sie Ihr Trainingsprogramm unterstützen: Statt den Lift zu benutzen, laufen Sie Treppen, statt mit dem Auto zu fahren, schwingen Sie sich aufs Fahrrad.

Pro Woche 2000 Kilokalorien einsparen

Wenn Sie etwa 2000 Kilokalorien pro Woche durch Bewegung und Sport verbrauchen, sind Sie auf der sicheren »Abnehm-Seite«! Lassen Sie sich von der folgenden Tabelle motivieren. Sie zeigt, wie schnell man 100 Kilokalorien los wird.

Das kostet 100 Kilokalorien

Tätigkeit	Dauer in Minuten	Tätigkeit	Dauer in Minuten
Aerobic	15	Musizieren (Flöte, Klarinette)	30–40
Auffahrt fegen	10	Partnermassage	20
Auto fahren	60	Rad fahren	10–15
Auto waschen	20	Rasen mähen	10–15
Bergsteigen	10	Reiten (Trab)	20
Bodybuilding	10–15	Schlagzeug spielen	20
Dartpfeile werfen	30	Schnee schaufeln	15
Einkäufe schleppen	15–20	Schwimmen	10
Eis laufen	15–20	Skat spielen	60
Fußball	10	Skigymnastik	8
Garten sprengen	10	Ski laufen	10
Geräteturnen	10–15	Spazieren gehen	45
Golf	25	Squash	10
Holzhacken	15–20	Tanzen	20
Inline-Skaten	10–15	Tennis	10–15
Joggen (9 km/h)	10	Tippen am PC	60
Laub rechen	10	Tischtennis	20
Möbel umstellen	10–15	Treppen steigen	15

Es müssen nicht immer aufwändige sportliche Unternehmungen sein: Auch z. B. beim Treppen steigen verbrennt Ihr Körper reichlich Kalorien.

So werden Sie fit und schlank

Die im Folgenden beschriebenen Übungen sorgen nicht nur dafür, dass Sie schlank und fit werden, Sie können mit ihnen auch ganz gezielt bestimmte Körperpartien trainieren, denn Ihre Muskeln werden straffer und kräftiger. Wenn Sie regelmäßig trainieren, werden Sie schon nach einigen Wochen eine deutlich verbesserte Figur haben. Außerdem werden Sie sich rundherum wohler fühlen: Rücken-, Nacken- und Schulterbeschwerden, Kopfschmerzen, Schlafstörungen und so manch anderes Zipperlein verschwinden wie von selbst, wenn Sie sich regelmäßig sportlich betätigen. Doch bevor Sie beginnen, sollten Sie sich folgende Checkliste anschauen.

Lassen Sie die Übungen langsam angehen, wenn Sie untrainiert sind.

Checkliste für Trainingsanfänger

Persönliche Daten	Bemerkungen und Hinweise
Alter	
Sie sind 30 oder jünger, gesund und aktiv	Sie können problemlos alle Übungen ausführen
Sie sind über 30 und gesund	Sie sollten es langsam angehen, vor allem wenn Sie bisher keinen Sport betrieben haben
Sie sind über 40 und untrainiert	Sie sollten vor den Übungen Ihren Arzt befragen
Gesundheit	
Sie haben keine Beschwerden	Sie können problemlos alle Übungen ausführen
Sie haben akute oder länger zurückliegende Verletzungen	Befragen Sie bitte Ihren Arzt – unabhängig von Ihrem Alter
Sie haben organische und/oder orthopädische Beschwerden	Sie sollten unabhängig vom Alter Ihren Arzt befragen und die Übungen mit ihm abstimmen
Gewicht	
Sie haben Normalgewicht	Sie können problemlos alle Übungen ausführen
Sie haben leichtes Übergewicht	Sie sollten es langsam angehen und vor allem anfangs Sprünge vermeiden, um die Gelenke nicht zu sehr zu belasten
Sie haben starkes Übergewicht	Sie sollten es langsam angehen und nicht mit »Dünneren« in Wettstreit treten. Sie kommen noch leicht außer Atem – aber Sie müssen ja auch mehr leisten, weil Sie mehr wiegen

Ein paar Hinweise zu unseren Übungen

• Tragen Sie bei den Übungen lockere, bequeme Kleidung. Nichts sollte einengen. Am besten eignen sich Naturfasern (z. B. Baumwolle) oder speziell entwickelte Fasern (z. B. Goretex): Sie sorgen dafür, dass der Schweiß aufgenommen wird.

• Am besten trainieren Sie barfuß, gut geeignet sind auch Aerobic- oder Tennisschuhe. Ungeeignet sind in jedem Fall Joggingschuhe – die haben eine zu breite Sohle. Gymnastikschuhe oder Badelatschen sind ebenfalls nicht empfehlenswert, denn in ihnen haben Sie keinen Halt.

• Beginnen Sie langsam, führen Sie die Übungen nach und nach durch. Sie sollen nicht gleich mit voller Kraft loslegen!

• Versuchen Sie, während der Übungen ruhig und gleichmäßig zu atmen. Auf keinen Fall verkrampfen und den Atem anhalten – lieber eine Pause machen.

Trainingsablauf:
1. Aufwärmen
2. Dehnen
3. Fitnessübungen
4. Cool Down

• Bevor Sie mit dem eigentlichen Übungsteil beginnen, sollten Sie sich immer aufwärmen: Ihre Muskeln werden dabei bewusst gelockert, und Sie machen sie bereit für das folgende Training.

• Nach dem Aufwärmen dehnen Sie die Muskeln. Mit den beschriebenen Dehnübungen wird jeder Muskel beansprucht, erst danach kommen die Fitnessübungen, die einzelne Körperregionen gezielt betreffen.

• Bei vielen Übungen müssen Sie eine bestimmte Bewegung einige Male wiederholen. Die gesamten Wiederholungen ergeben einen Satz. Beginnen Sie mit zwei Sätzen á drei bis fünf Wiederholungen und steigern Sie sich: Standard sind drei bis fünf Sätze mit jeweils 15 bis 20 Wiederholungen.

• Zwischen den einzelnen Sätzen sollten Sie immer eine kurze Pause einlegen, um die Muskeln zu entspannen.

• Sie können ganz gezielt auf bestimmte Körperzonen einwirken: Wenn Sie nach ein paar Wochen allgemeine Kondition bekommen haben, widmen Sie sich stärker den Regionen, die Ihnen »mangelhaft« erscheinen.

Aufwärmen

Bei allen Aufwärmübungen dürfen Sie ruhig außer Puste geraten. Sie gelten als leicht bis mittel anstrengend.

Sie müssen Ihre Muskeln erst auf die Übungen vorbereiten, also lockern und aufwärmen. Ein solches »Warm up« führt jeder Sportler durch – sogar bei der Formel Eins kennt man es. Nicht nur Ihre Muskeln werden dabei auf das Training vorbereitet, sondern auch Ihr Herz-Kreislauf-System. Insgesamt dauert das Aufwärmen eine bis neun Minuten.

Auf der Stelle laufen

- Laufen Sie langsam auf der Stelle, werden Sie dann immer schneller.
- Während des Laufens heben Sie die beiden Oberschenkel abwechselnd an. Halten Sie dabei aber Ihren Rhythmus und bleiben Sie mit dem Oberkörper aufrecht.
- Kreisen Sie während des Laufens mit den Armen – und zwar vorwärts und rückwärts. Rhythmus nicht verändern.
- Langsam weiter auf der Stelle laufen. Jetzt einen Arm vor den Körper führen und den gegengleichen Fuß berühren. Mehrmals wechseln.
- Langsam weiter laufen, einen Arm hinter den Körper führen und den gegengleichen Fuß berühren. Mehrmals wechseln.
- Während des Laufens jeweils abwechselnd Knie und Ellenbogen gegengleich zusammenführen. Bitte beachten Sie: Der Oberkörper sollte dabei möglichst gerade bleiben.
- Weiter laufen. Bei jedem zweiten Schritt ziehen Sie ein Bein nach außen hoch. Mehrmals wechseln.

Wenn Sie sich vor dem Training ordentlich aufwärmen und dehnen, werden Sie am nächsten Tag keinen Muskelkater bekommen!

Hampelmann

Hüpfen Sie auf der Stelle und bewegen Sie Ihre Arme und Beine wie ein Hampelmann.

Rumpfbeuge

Stellen Sie sich leicht nach vorne gebeugt mit gegrätschten Beinen hin und berühren Sie jeweils mit dem Ellenbogen das gegenüberliegende Knie. Mehrmals wechseln.

Wedeln

Hüpfen Sie auf der Stelle und drehen Sie Ihren Oberkörper abwechselnd nach links und rechts – etwa so wie beim »Wedeln« auf Skiern.

Dehnen

Dehnübungen führt man durch, um die Muskeln auf die danach folgenden Fitnessübungen vorzubereiten. Außerdem werden dadurch bestimmte Körperpartien bewusst entlastet. Sie werden schnell merken: Verspannungen – z. B. von der sitzenden Tätigkeit im Büro oder von immer gleichen Handgriffen während der Arbeit – lösen sich. Jede Dehnung sollte etwa zehn Sekunden gehalten und mindestens dreimal wiederholt werden.

Hals und Nacken

Stellen Sie sich gerade und aufrecht hin, mit leicht gespreizten Beinen. Fassen Sie mit einer Hand so über Ihren Kopf, dass Sie das Ohr auf der anderen Seite greifen. Nun ziehen Sie den Kopf langsam zur Seite. Dabei bitte geradeaus blicken. Der andere Arm soll währenddessen angespannt und die Hand leicht angehoben sein und so einen leichten Gegendruck ausüben. Zehn Sekunden halten, drei- bis sechsmal pro Seite.

Hals und Nacken

Winkeln Sie Ihren Arm an und legen Sie Ihre Hand auf die gegenüber liegende Schulter. Nun den Arm in Richtung der anderen Schulter ziehen. In dieser Position zehn Sekunden halten, die Übung insgesamt drei- bis sechsmal pro Seite durchführen.

Bei Männern ist der Bauch die Problemzone Nummer eins. Diese Übung trainiert die Bauchmuskulatur (Beschreibung Seite 145). Aber vorher bitte das Aufwärmen und Dehnen nicht vergessen!

Dehnübungen bereiten nicht nur auf das eigentliche Training vor, sondern lösen auch Muskelverspannungen, die auf falsche Bewegungen zurückzuführen sind.

Brust

Knien Sie sich auf den Boden und stützen Sie sich mit einem Arm nach vorne ab. Der andere Arm wird seitlich ausgestreckt und »verlängert« sozusagen den Schultergürtel. Zehn Sekunden halten, drei- bis sechsmal pro Seite.

Brust und Bauch

Sie knien wieder auf dem Boden und senken den Oberkörper im 90-Grad-Winkel nach vorne ab. Zur Unterstützung stellen Sie einen Stuhl vor sich auf und lassen die Arme gerade ausgestreckt darauf ruhen. Den Oberkörper so weit absenken, bis Sie eine deutliche Dehnung spüren. Sechs- bis zehnmal zehn Sekunden halten.

Bauch

Sie liegen ausgestreckt auf dem Bauch und stützen die Oberarme gerade nach unten ab. Der Oberkörper hebt sich dann nach oben. Sechs- bis zehnmal zehn Sekunden halten.

Beine

Setzen Sie sich in den Schneidersitz, lassen Sie aber Ihre Fußsohlen aneinander stoßen. Ihre Ellbogen liegen auf den Knien und drücken diese vorsichtig nach unten. Sechs- bis zehnmal zehn Sekunden halten.

Oberschenkel

Sie stehen in breiter Grätsche und beugen langsam ein Bein so weit nach links bzw. rechts, bis die Innenseite des Oberschenkels spannt. Am besten stützen Sie sich bei dieser Dehnung mit den Händen in der Hüfte ab. Zehn Sekunden halten, drei- bis sechsmal pro Seite.

Rumpf und Gesäß

Sie liegen entspannt mit dem Rücken auf dem Boden. Breiten Sie die Arme aus, beugen Sie ein Bein und legen dies möglichst weit oben über das andere. Ihr Kopf dreht sich zur entgegengesetzten Seite. Zehn Sekunden halten, drei- bis sechsmal pro Seite.

Rücken und Gesäß

Sie liegen mit dem Rücken auf dem Boden und umfassen mit beiden Händen Ihre Knie bzw. Schienbeine. Ziehen Sie die Oberschenkel so weit wie möglich an den Körper. Ihr Kopf neigt sich zu den angezogenen Knien. Sechs- bis zehnmal zehn Sekunden halten.

Gesäß

Sie liegen entspannt ausgestreckt mit dem Rücken auf dem Boden. Umfassen Sie ein Knie mit beiden Armen und ziehen Sie es zu sich heran. Zehn Sekunden halten, drei- bis sechsmal pro Seite.

Vorderer Oberschenkel

Sie stehen mit geradem Rücken aufrecht. Ziehen Sie Ihren Fuß und Unterschenkel mit einer Hand nach hinten an den Po. Zehn Sekunden halten, drei- bis sechsmal pro Seite. Die gleiche Übung können Sie auch im Liegen durchführen: Auf den Bauch legen, eine Hand unter die Stirne legen, mit der anderen Hand den Unterschenkel an den Po ziehen.

Waden

Sie stehen aufrecht und stellen ein Bein so weit nach hinten, dass Sie gerade noch Bodenkontakt (mit der Ferse) haben. Das Bein muss völlig durchgestreckt sein. Mit beiden Händen stützen Sie sich nun auf dem Oberschenkel des anderen Beines ab und wippen damit leicht nach vorne. Zehn Sekunden halten, drei- bis sechsmal pro Seite.

Diese Übung ist der Klassiker unter den Bauchmuskelübungen.

Sie legen sich dazu auf den Rücken, winkeln die Beine an und ziehen die Fußspitzen an. Spannen Sie nun den Bauch an und rollen Sie den Oberkörper nach vorne ein. Die Position halten und den Oberkörper langsam wieder absenken. Drei- bis fünfmal wiederholen.

Fitness für Arme und Schultern

Bei den Fitnessübungen beginnen Sie in der Regel mit zwei Sätzen à fünf Wiederholungen. Steigern Sie sich nach Ihrem persönlichen Vermögen: Zuerst mehr Wiederholungen (bis zu 20), dann mehr Sätze (bis zu fünf).

Halsbeuge

Stellen Sie sich entspannt mit leicht (schulterbreit) gegrätschten Beinen hin. Stützen Sie die Hände in die Hüften und neigen Sie den Kopf abwechselnd von links nach rechts. Dabei immer geradeaus schauen. Mit zwei Sätzen à fünf Wiederholungen beginnen. Machen Sie nach jedem Satz eine kurze Pause.

Schulterkreisen

Stellen Sie sich entspannt mit leicht gegrätschten Beinen hin. Ziehen Sie nun die Schultern abwechselnd so weit wie möglich nach oben. Sie können die Schultern auch kreisen lassen – entweder abwechselnd nach hinten und vorne oder beide in derselben Richtung. Mit zwei Sätzen à fünf Wiederholungen beginnen. Machen Sie nach jedem Satz eine kurze Pause.

Umarmung

Stellen Sie sich entspannt mit leicht gegrätschten Beinen hin. Strecken Sie die Arme zur Seite und bringen Sie sie dann vor dem Körper zusammen und wieder auseinander. Mit zwei Sätzen à fünf Wiederholungen beginnen. Machen Sie nach jedem Satz eine kurze Pause.

Armheben (Foto unten)

Legen Sie sich auf den Bauch und stützen Sie sich auf Ihre Ellbogen. Stellen Sie Ihre Fußspitzen auf und heben Sie zunächst das Becken, dann einen Arm und das gegenüberliegende Bein vom Boden ab. Kurz innehalten, dann die Seiten wechseln. Wiederholen.

Fäuste schwingen

Stellen Sie sich in einer starken Grätsche nach vorne gebeugt hin. Ihr Oberkörper sollte gestreckt, aber nicht senkrecht sein. Beide Hände vorne zusammenführen, Fäuste ballen und dann mit Schwung nach hinten und oben führen. Mit zwei Sätzen à fünf Wiederholungen beginnen. Machen Sie nach jedem Satz eine kurze Pause.

Armkreisen

Stellen Sie sich leicht gegrätscht und aufrecht hin. Die Arme strecken Sie zur Seite und drehen sie dann in Schulterhöhe nach vorne und hinten. Sie können sie auch in kleinen Kreisen bewegen. Mit zwei Sätzen à fünf Wiederholungen beginnen. Machen Sie nach jedem Satz eine kurze Pause.

Liegestütze

Liegestütze sind ein tolles Fitnessprogramm für Arme und Schultern. Legen Sie sich bäuchlings auf den Boden, strecken Sie Ihren Körper und heben Sie den Oberkörper langsam mit den Armen hoch, bis diese ausgestreckt sind. Mit zwei Sätzen à fünf Wiederholungen beginnen. Machen Sie nach jedem Satz eine kurze Pause.

Schulterübung (Foto unten)

Knien Sie sich mit allen Vieren auf den Boden. Strecken Sie die Arme weit nach vorne aus. Der Kopf schaut nach unten. Heben Sie nun abwechselnd den rechten und den linken Arm jeweils mit der Handfläche nach oben ca. 15 Zentimeter an. Hüfte, Schultern und die Arme verändern ihre Position dabei nicht. Mit zwei Sätzen à fünf Wiederholungen beginnen.

Diese Übung sollten Sie bei akuten Schulterbeschwerden bitte nicht durchführen!

Fitness für Bauch und Taille

Bei den Sit-ups müssen Sie besonders darauf achten, den Nacken gerade zu halten. Die Hände hinter dem Kopf sollen nur stützen und dürfen nicht ziehen!

Sit-up

Sie liegen entspannt auf dem Rücken, die Beine stehen leicht angewinkelt auf dem Boden, die Arme liegen verkreuzt auf der Brust. Nun heben Sie Ihren Oberkörper samt Kopf langsam an und senken ihn wieder ab. Mit zwei Sätzen à drei Wiederholungen beginnen. Machen Sie nach jedem Satz eine kurze Pause.

Bauchrolle

Sie liegen wieder entspannt auf dem Rücken. Umfassen Sie Ihren Kopf mit beiden Händen. Heben Sie nun die abgewinkelten Beine und den Kopf gegeneinander, so als ob Sie Ihren Oberkörper »einrollen« wollen. Dabei spannen Sie die Bauchmuskeln intensiv an und halten diese Position etwa fünf Sekunden. Danach wieder entspannen. Mit zwei Sätzen à drei Wiederholungen beginnen. Machen Sie nach jedem Satz eine kurze Pause.

Beckenrolle (Foto unten)

Sie liegen entspannt auf dem Rücken. Strecken Sie die Beine in die Luft und kreuzen Sie die Unterschenkel. Die Arme liegen parallel zum Oberkörper. Spannen Sie die Bauchmuskeln an und rollen Sie das Becken langsam nach oben ein. Die Knie zeigen in Richtung Decke, die Arme bleiben am Boden. Becken langsam wieder senken, aber nicht ganz ablegen. Mit zwei Sätzen à drei Wiederholungen beginnen. Machen Sie nach jedem Satz eine kurze Pause.

Diese Übung ist eine der wichtigsten Bauchmuskelübungen. Sie trainiert den unteren Teil der Bauchmuskulatur.

Luftgrätsche (Foto Seite 139)

Sie liegen entspannt auf dem Rücken, die Beine sind angewinkelt und gegrätscht in der Luft. Kreuzen Sie die Arme vor dem Körper und heben Sie den Oberkörper leicht vom Boden ab. Spannen Sie die Bauchmuskeln an und rollen Sie den Körper weiter nach vorne ein. Etwa zwei Sekunden halten, danach wieder entspannen. Mit zwei Sätzen à drei Wiederholungen beginnen.

Seitlicher Sit-up

Sie liegen entspannt auf dem Rücken, die Beine sind leicht aufgestellt und ruhen mit den Fußsohlen auf dem Boden. Ihre Hände halten Sie hinter den Kopf. Nun heben Sie Kopf und Schultern und versuchen, möglichst weit in Richtung eines gegenüberliegenden Knies zu kommen, dabei blicken Sie seitlich am Knie vorbei. Diese Position einige Sekunden halten, danach wieder entspannen. Mit zwei Sätzen à drei Wiederholungen pro Seite beginnen. Machen Sie nach jedem Satz eine kurze Pause.

Drehübung (Foto rechts)

Sie liegen auf dem Rücken, die überkreuzten Beine zeigen zur Decke. Winkeln Sie die Arme in Schulterhöhe an, die Fingerspitzen liegen seitlich an den Schläfen. Heben Sie nun den Oberkörper an und drehen Sie ihn zum gegenüberliegenden Bein. Einige Sekunden halten, dann wieder entspannen. Mit zwei Sätzen à drei Wiederholungen pro Seite beginnen.

Bewegliche Taille

Sie stehen mit leicht gegrätschten Beinen, die Hände befinden sich hinter dem Kopf. Nun drehen Sie Ihren Oberkörper langsam und gleichmäßig mal nach links, mal nach rechts. Bitte machen Sie keine ruckartigen, sondern fließende Bewegungen. Die Endposition einige Sekunden halten, danach wieder entspannen. Mit zwei Sätzen à fünf Wiederholungen pro Seite beginnen. Machen Sie nach jedem Satz eine kurze Pause.

Seitlicher Strecker

Sie stehen entspannt in einer leichten Grätsche, Ihr Oberkörper ist seitlich geneigt. In dieser Position strecken Sie den oberen Arm so weit wie möglich nach oben. Bleiben Sie mit beiden Füßen auf dem Boden – nicht auf die Zehenspitzen stellen! Diese Position einige Sekunden halten, danach wieder entspannen. Mit zwei Sätzen à fünf Wiederholungen pro Seite beginnen. Machen Sie nach jedem Satz eine kurze Pause.

Seitliche Rumpfmuskulatur

Legen Sie sich seitlich ausgestreckt auf den Boden. Ein Arm stützt Ihren Kopf, den anderen stellen Sie vor dem Oberkörper auf. Nun heben Sie beide Beine ein paar Zentimeter vom Boden ab. Wenn Sie es schaffen, bewegen Sie beide Beine vor und zurück. Danach wieder entspannen. Mit zwei Durchgängen à fünf Wiederholungen pro Seite beginnen. Machen Sie nach jedem Durchgang eine kurze Pause.

Schräge Bauchmuskulatur (Foto unten)

Sie legen sich mit angewinkelten Beinen auf den Rücken, die Füße hüftbreit auseinander. Legen Sie den linken Fuß auf den rechten Oberschenkel, die Arme strecken Sie aus. Rollen Sie den Oberkörper schräg nach vorne rechts ein. Kurz innehalten, dann den Oberkörper nach hinten absenken. Die Seite wechseln. Mit zwei Sätzen à fünf Wiederholungen beginnen.

Trainieren Sie bei dieser Übung von allem Ihre schwächere Seite, das heißt die, die Ihnen schwerer fällt!

Fitness für den Rücken

Seitlicher Rumpfstrecker

Sie knien und recken den Oberkörper mit gestreckten Armen nach vorne. Nun heben Sie abwechselnd einen Arm, und zwar so, dass Ihr Oberkörper sich leicht nach außen dreht. Mit zwei Sätzen à fünf Wiederholungen pro Seite beginnen. Machen Sie nach jedem Satz eine kurze Pause.

Bauchwippe

Sie liegen entspannt auf dem Bauch, die Arme sind nach vorne gestreckt. Nun heben Sie den Oberkörper an und verharren einige Sekunden in dieser Position Mit zwei Sätzen à fünf Wiederholungen beginnen. Machen Sie nach jedem Satz eine kurze Pause.

Lange Arme

Sie stehen mit stark gegrätschten Beinen und nach vorne gebeugtem, geradem Oberkörper. Ihre Arme sind in Schulterhöhe ausgestreckt. Nun schieben Sie abwechselnd einen Arm nach vorne – möglichst weit. Diese Position einige Sekunden halten, danach wieder entspannen. Mit zwei Sätzen à fünf Wiederholungen pro Seite beginnen. Machen Sie nach jedem Satz eine kurze Pause.

Rückenstrecker

Sie sitzen entspannt auf dem Boden, die Beine sind im leichten Schneidersitz, der Oberkörper ist gerade, beide Arme sind nach oben gestreckt. Nun schieben Sie abwechselnd jeweils einen Arm so weit wie möglich nach oben. Der Oberkörper sollte dabei immer gerade bleiben – nicht seitlich abknicken! Die Streckung einige Sekunden halten, danach wieder entspannen. Mit zwei Sätzen à fünf Wiederholungen pro Seite beginnen. Machen Sie nach jedem Satz eine kurze Pause.

Fitness für Gesäß und Beine

Bein heben

Sie knien auf dem Boden und stützen sich vorne mit den Armen ab. Den Rücken dabei gerade halten, er soll nicht durchhängen. Nun strecken Sie ein abgewinkeltes Bein nach außen und oben und bleiben kurz in dieser Stellung. Ihr Becken sollte dabei nicht seitlich, sondern parallel zum Boden stehen. Einige Sekunden halten, danach wieder entspannen. Mit zwei Sätzen à fünf Wiederholungen pro Seite beginnen. Machen Sie nach jedem Satz eine kurze Pause.

Gesäß und Oberschenkel

Legen Sie sich seitlich ausgestreckt auf den Boden. Der untere Arm ist gerade nach oben, über den Kopf hinaus gestreckt, den anderen stellen Sie vor dem Oberkörper auf. Nun heben Sie das obere Bein so hoch wie möglich ausgestreckt nach oben, das andere bleibt auf dem Boden liegen. Diese Position einige Sekunden halten, danach wieder entspannen. Mit zwei Sätzen à fünf Wiederholungen pro Seite beginnen. Machen Sie nach jedem Satz eine kurze Pause.

Bein heben in Bauchlage (Foto unten)

Gehen Sie in die Bauchlage, stützen Sie sich auf Ihre Unterarme und Knie. Halten Sie den Kopf in Verlängerung der Wirbelsäule. Heben Sie ein Bein gestreckt vom Boden ab. Die Position einige Sekunden halten, danach wieder entspannen. Die Seite wechseln. Mit zwei Sätzen à drei Wiederholungen beginnen. Machen Sie nach jedem Satz eine kurze Pause.

Diese Übung trainiert auch gleichzeitig Ihre Bauch- und Brustmuskulatur.

Beckenwippe

Sie liegen entspannt auf dem Rücken, die Arme sind seitlich ausgestreckt und die Beine leicht aufgestellt. Bauch- und Gesäßmuskeln anspannen, langsam das Becken heben und kurz halten – aber kein Hohlkreuz machen! Dann das Becken langsam wieder senken. Mit zwei Sätzen à fünf Wiederholungen beginnen. Machen Sie nach jedem Satz eine kurze Pause.

Bein drehen

Sie liegen ausgestreckt auf der Seite, eine Hand stützt Ihren Kopf, mit der anderen stützen Sie sich vor dem Körper ab. Beide Beine sind leicht angewinkelt. Nun heben Sie das obere Bein und drehen es in der Hüfte nach innen und außen. Nach zehn Wiederholungen auf die andere Seite drehen und die Übung mit dem anderen Bein machen. Mit zwei Sätzen à zehn Wiederholungen pro Seite beginnen. Machen Sie nach jedem Satz eine kurze Pause.

Bein schwingen

Sie stehen entspannt, die Hände sind in die Hüften gestützt. Nun lassen Sie ein Bein gestreckt mit leichter Außendrehung in der Hüfte so weit wie möglich nach außen schwingen. Versuchen Sie, kein Hohlkreuz zu machen. Die Endposition einige Sekunden halten, danach wieder entspannen. Mit zwei Sätzen à zehn Wiederholungen pro Seite beginnen. Machen Sie nach jedem Satz eine kurze Pause.

Kleine Kniebeuge

Sie stehen etwas gegrätscht, der Oberkörper ist leicht nach vorne geneigt, die Arme mit Fäusten sind etwa in Schulterhöhe. Nun gehen Sie mehrmals aus dieser Position in eine halbe Kniebeuge. Diese Position einige Sekunden halten, danach wieder entspannen. Mit zwei Sätzen à fünf Wiederholungen beginnen. Machen Sie nach jedem Satz eine kurze Pause.

Kleine Kniebeuge – Variante

Stellen Sie die gegrätschten Beine nicht nebeneinander, sondern stellen die Füße »auswärts«. Die Hände sind in die Hüften gestützt. Nun gehen Sie wieder in die leichte Kniebeuge. Achten Sie darauf, dass Ihr Oberkörper gerade bleibt. Diese Position einige Sekunden halten, danach wieder entspannen. Mit zwei Sätzen à fünf Wiederholungen beginnen. Machen Sie nach jedem Satz eine kurze Pause.

Wadenstrecker

Sie sitzen entspannt auf dem Boden und stützen sich mit den Armen hinter dem Rücken ab. Beide Beine sind leicht aufgestellt. Nun strecken Sie ein Bein gerade aus, ziehen den Fuß so weit wie möglich in Richtung Körper und strecken ihn dann wieder nach vorne aus. Diese Positionen stets einige Sekunden halten, danach entspannen und zum anderen Bein wechseln. Mit zwei Sätzen à zehn Wiederholungen pro Seite beginnen. Machen Sie nach jedem Satz eine kurze Pause.

Fitnesstest (Foto unten)

Legen Sie sich auf den Bauch. Stützen Sie sich dann mit leicht gebeugter Hüfte auf Unterarme und Fußspitzen. Beine, Rücken und Hals bilden eine Linie. Schauen Sie zum Boden und spannen Sie die Bauchmuskulatur fest an. Heben Sie wechselseitig im 1-Sekunden-Rhythmus ein gestrecktes Bein um eine Fußlänge vom Boden ab. Die Ausgangsposition des Rumpfes darf sich dabei nicht verändern. Machen Sie die Übung so lange, bis Sie die Rumpfstellung nicht mehr halten können. Jedes Bein heben zählt als eine Wiederholung. Wie oft schaffen Sie es?

Diese Übung trainiert außer den Beinen und dem Gesäß gleichzeitig auch den Rücken und die Arme.

Cool Down

Sie sollten Ihrem Körper nicht zumuten, sofort nach einem Training wieder Ruhe zu halten. Er muss langsam wieder abkühlen, erst dann können Sie sich richtig entspannen. Diese Übungen helfen Ihnen dabei.

Lang strecken

Stellen Sie sich entspannt hin und strecken Sie sich »gegenläufig«: ein Bein nach hinten und unten, die Arme beide nach vorne und oben. Drei- bis sechsmal auf jeder Seite mindestens zehn Sekunden halten.

Rücken entspannen

Nehmen Sie einen leichten Ausfallschritt ein und strecken Sie Arme und Beine folgendermaßen: Wenn das rechte Bein vorne ist, strecken Sie den rechten Arm nach oben, den linken Arm strecken Sie zum linken Bein nach hinten. Dann wechseln. Drei- bis sechsmal auf jeder Seite mindestens zehn Sekunden halten.

Katzenbuckel

Knien Sie sich auf den Boden und legen Sie die Arme weit nach vorne ausgestreckt auf dem Boden ab. Machen Sie mehrmals einen runden Rücken und strecken Sie sich dann wieder – stellen Sie sich vor, Sie würden sich wie eine Katze räkeln. Drei- bis sechsmal wiederholen.

Diese Übung trainiert die Halsmuskulatur.

Sie legen sich dazu, wie links zu sehen, auf den Rücken, heben den Kopf einige Zentimeter in die Höhe, indem Sie das Kinn fest an die Brust drücken. Nach einigen Sekunden locker lassen, öfter wiederholen.

Locker im Büro

Den ganzen Tag am Schreibtisch zu sitzen, dafür ist unser Körper einfach nicht gemacht! Darum kommt es häufig zu Verspannungen, die nicht selten zu chronischen Beschwerden führen. Wenn Sie regelmäßig Sport treiben, sind Sie dafür grundsätzlich weniger anfällig. Doch bei verspanntem Nacken und steifem Rücken sind die folgenden einfachen Lockerungsübungen sehr hilfreich.

Laufen Sie immer mal wieder zwischendurch einfach ein paar Minuten auf der Stelle. Das macht wach und lockert den ganzen Körper.

Hals und Nacken

Setzen Sie sich aufrecht, aber entspannt in Ihren Bürostuhl. Umfassen Sie nun mit der Hand Ihren Kopf bis zum Ohr und ziehen Sie den Kopf langsam zur Seite. Bitte geradeaus schauen. Mehrmals wiederholen.

Seitliche Hals- und Nackenmuskeln

Stellen Sie sich locker hin und halten Sie beide Arme hinter dem Rücken. Umfassen Sie nun mit der einen Hand das Handgelenk der anderen und ziehen Sie so den Arm leicht schräg nach unten. Mehrmals wiederholen.

Oberschenkelmuskeln

Stellen Sie sich entspannt aufrecht hin und ziehen Sie abwechselnd Ihren Unterschenkel zum Po. Mehrmals wiederholen. Das ist eine Wohltat für die vorderen Oberschenkelmuskeln, wenn Sie lange sitzen mussten.

Arme und Schultern

Stellen Sie sich locker mit leicht gegrätschten Beinen hin. Halten Sie die Arme zur Seite nach unten abgewinkelt in Schulterhöhe und drehen Sie die Arme im Schultergelenk. Mehrmals wiederholen.

Bauch und Taille lockern

Stellen Sie sich leicht gegrätscht und entspannt hin, strecken Sie die Arme nach oben. Fassen Sie Ihre Hände über dem Kopf und neigen Sie sich so weit wie möglich zur Seite. Ihr Oberkörper bleibt dabei gerade. Mehrmals wiederholen.

Kutschersitz

Setzen Sie sich auf einen Stuhl und lassen Sie den Oberkörper nach vorne, zwischen Ihre Knie fallen. Lassen Sie bewusst alle Muskeln locker. In dieser Stellung können Sie bis zu zwei Minuten bleiben, Sie entspannen so den ganzen Körper.

Muskelkraft gegen Hektik

Fit in viermal zehn Sekunden mit der progressiven Muskelentspannung.

Gegen akuten Energiemangel hilft die progressive Muskelentspannung. Die folgenden Techniken können Sie auch zwischendurch im Büro problemlos anwenden, das Ganze dauert nur eine Minute:

- Setzen Sie sich locker auf Ihren Stuhl.
- Strecken Sie die Beine lang aus, lassen Sie die Arme schlaff hängen.
- Drücken Sie die Fersen gegen den Boden und ziehen Sie die Zehen so weit wie möglich nach oben.
- Spannen Sie ganz bewusst Waden und Oberschenkel an.
- Diese Spannung sollten Sie etwa zehn Sekunden halten, dann loslassen.
- Strecken und räkeln Sie sich im Sitzen.
- Jetzt spannen Sie die Gesäßmuskeln fest an – zehn Sekunden halten, locker lassen.
- Ballen Sie die Hände zu Fäusten und führen Sie die Arme seitlich nach unten.
- Dann strecken Sie die Arme und drehen sie so nach außen, dass die Handflächen nach außen zeigen.
- Ziehen Sie jetzt die Schulterblätter so weit wie möglich zusammen – zehn Sekunden halten und dann entspannen.
- Nun kneifen Sie zehn Sekunden lang die Gesichtsmuskeln (Augen, Nase, Mund) so fest wie möglich zusammen, dann loslassen und entspannen.
- Zum guten Schluss strecken und dehnen Sie noch einmal den gesamten Körper.

Und hier noch eine Übung für alle, die von einem »Waschbrettbauch« träumen:

Legen Sie sich auf den Rücken; die Beine überkreuzen und senkrecht in die Luft strecken. Rollen Sie den Oberkörper nach vorne ein und nehmen Sie die Arme mit. Die Endposition ist erreicht, wenn nur noch die Lendenwirbel den Boden berühren. Senken Sie langsam den Oberkörper bis knapp über den Boden. Richten Sie dann den Oberkörper wieder nach vorne. Die Position kurz halten, wieder absenken.

So halten Sie Ihr Gewicht für immer!

Wer eine Diät beginnt, ist meist sehr motiviert, und der Blick auf die Waage entschädigt einen für jedes versagte Bierchen oder Eis. In den ersten Tagen und Wochen können Sie die Pfunde und Kilos geradezu purzeln sehen. Doch plötzlich geht nichts mehr. Stur zeigt die Waage tagelang dasselbe Gewicht an. Manchmal sogar ein Pfund oder Kilo mehr als am Vortag – und Sie sind sich absolut sicher, dass Sie nicht »gesündigt« haben! Da kann einen dann schon der Frust packen – und man greift zu den kulinarischen Trostspendern oder kippt sich »jetzt erst recht« ein paar Bier hinter die Binde, die dafür sorgen, dass das Gewicht ganz bestimmt nicht weiter nach unten geht.

Um »Abnehmfrust« zu vermeiden, sollten Sie nicht täglich auf die Waage steigen!

Die besten Tipps und Tricks im Überblick

Damit Ihnen das nicht passiert, haben wir für Sie in diesem letzten Kapitel die wichtigsten Regeln zum Abnehmen noch einmal zusammengefasst. Wenn Sie einmal unter akutem »Abnehmfrust« leiden, brauchen Sie nur einen Blick auf diese Seiten zu werfen – und Sie werden sich wieder daran erinnern, dass Abnehmen und schlank zu bleiben für jeden möglich ist, der realistisch und konsequent an die Sache herangeht.

Vertrauen Sie Ihrem Körper

Begehen Sie nicht den Fehler, tagtäglich auf die Waage zu steigen. Ihr Frust ist dann wirklich vorprogrammiert. Wiegen Sie sich lieber einmal pro Woche, und wenn Ihr Gewicht einmal stagniert, ist das ganz normal. Wichtig ist, dass Sie sich nach unseren Ratschlägen gesund und ausgewogen ernähren, sich körperlich betätigen und sich wohl fühlen.

Das dürfen Sie niemals vergessen – Sie sollen sich rundherum wohl fühlen! Es hat keinen Sinn, immer nach der Waage zu schielen, wenn Sie merken, dass Ihr Körper momentan einfach nicht mehr an Gewicht verlieren möchte. Vielleicht haben Sie ja auch schon Ihr persönliches ideales Wohlfühlgewicht erreicht, mit dem Sie den Rest Ihres Lebens gut auskommen können. In einem wie im anderen Fall gilt:

- Halten Sie sich unbeirrt an eine ausgewogene Ernährung.
- Treiben Sie konsequent weiterhin Sport.

Denn Sie wollen zum einen nicht wieder zunehmen, zum anderen gesund und fit bleiben. Beides ist garantiert, wenn Sie konsequent bleiben.

Damit Sie nie mehr zunehmen: die Lebensmittel-Pyramide

Das Bild der Lebensmittelpyramide wurde im amerikanischen Landwirtschaftsministerium entwickelt. Ihr Prinzip ist ganz einfach und einleuchtend, und vor allem leicht zu merken! Sie wissen ja: Wer die richtigen Lebensmittel in der richtigen Menge isst, für den ist es kein Problem, abzunehmen und das Gewicht auch zu halten.

Bei der Pyramide haben wir einen breiten Sockel und eine sich nach oben verjüngende Spitze. Vom Sockel ausgehend ist sie in vier Stockwerke eingeteilt. Jedes Stockwerk enthält bestimmte Lebensmittelgruppen – und je nach der Höhe des Stockwerks dürfen Sie weniger oder mehr davon verzehren.

- Im Erdgeschoss der Pyramide finden Sie die so genannten Grundnahrungsmittel: Brot, Getreide, Reis und Nudeln. Sie sind lebenswichtig, und deshalb dürfen Sie unbegrenzt davon essen. Allerdings: Alles sollte naturbelassen bzw. ein Vollkornprodukt sein.
- Im ersten Oberschoss finden Sie zwei »Wohnungen«: zum einen Obst, zum anderen Gemüse. Diese Nahrungsmittel versorgen uns mit Vitaminen und Mineralien sowie mit Ballaststoffen. Sowohl Obst als auch Gemüse dürfen Sie reichlich essen. Ihr täglicher Speiseplan sollte sich vor allem aus dem Erdgeschoss und dem ersten Stockwerk der Pyramide zusammensetzen.
- Im zweiten Obergeschoss finden Sie wieder zwei Abteilungen: die eine für Milch und Milchprodukte, die andere für Fleisch, Fisch, Hülsenfrüchte, Nüsse und Eier. Beide Gruppen sollten auf Ihrem Speiseplan zwar oft, aber nicht unbedingt täglich zu finden sein. Viele dieser Nahrungsmittel enthalten einige lebenswichtige Stoffe, dafür aber teilweise viele »schlechte« gesättigte Fettsäuren.
- Im dritten Obergeschoss, also ganz oben in der Spitze der Pyramide, gibt es nur ein kleines Apartment für Fette, Öle und Süßigkeiten. Sie sind sozusagen der Luxus, den unser Körper zwar hin und wieder braucht, aber eben nur in geringen Mengen und mit Bedacht ausgewählt.

Achten Sie auch beim Anwenden der Lebensmittelpyramide auf Abwechslung: Das macht mehr Spaß als eintönige Kost und versorgt Sie zudem mit allen wichtigen Vitalstoffen.

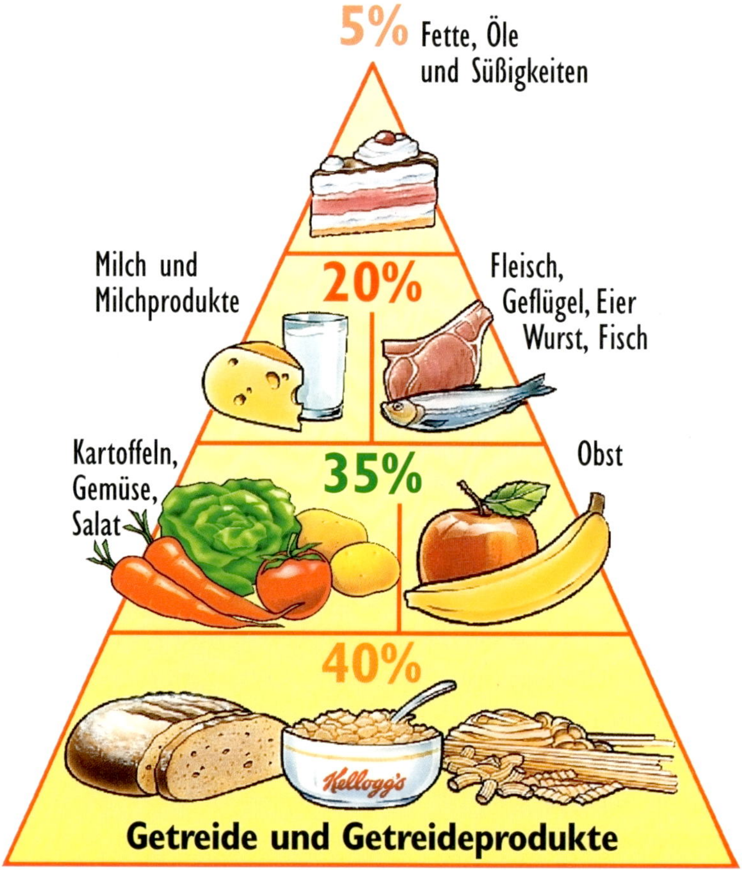

Quelle: US-Dep. of Agriculture and US-Dep. of Health and Human Services

Die wichtigsten Regeln für gesundes Abnehmen

• Achten Sie darauf, wie sich Ihr Speiseplan zusammensetzt: Er sollte täglich aus etwa 50 bis 60 Prozent Kohlenhydraten, 30 bis 34 Prozent Fett und 10 bis 15 Prozent Eiweiß bestehen.

• Greifen Sie zu fettarmen Produkten, vor allem bei Wurst und Käse. Vorsicht vor versteckten Fetten! Fette Lebensmittel machen fett.

• Essen Sie gut gewürzt, aber nicht salzig! Alle Lebensmittel haben ein eigenes Aroma. Das kommt mit Kräutern besser zur Geltung als mit Salz.

• Vielseitigkeit ist Trumpf! Sie dürfen alles genießen – aber bitte in Maßen. Dann ist sogar mal eine Currywurst oder ein Bier drin.

• Verzichten Sie auf den Schokoriegel gegen den kleinen Hunger zwischendurch. Obst oder Trockenfrüchte sind dagegen zu empfehlen, denn sie sind fettfrei und gesund und geben nachhaltig Power.

- Essen Sie mehr Vollkornprodukte und keine Nahrungsmittel aus Weißmehl. Naturreis, Vollkornbrot und Müsli sind viel gesünder. Außerdem enthalten sie viele Ballaststoffe: Das kommt Ihrem Stoffwechsel und Ihrer Verdauung zugute und sorgt dafür, dass Sie sich länger satt fühlen.
- Viel Gemüse und Obst ist ein Muss! Denn nur so kommen Sie an die nötigen Vitamine, Mineral- und Ballaststoffe.
- Auch Milch und Milchprodukte gehören täglich auf den Speiseplan. Sie enthalten wichtige Vitalstoffe wie Kalzium, Eiweiß und B-Vitamine.
- Fleisch, Fisch und Eier sollten Sie dagegen nicht täglich essen. Ein- bis zweimal pro Woche reichen aus! Das nötige Eiweiß können Sie sich anders besorgen, z. B. über Hülsenfrüchte.
- Ernähren Sie sich abwechslungsreich: Eintönige Kost ist nicht nur schädlich, sondern sorgt dafür, dass Ihre überflüssigen Pfunde ganz gewiss nicht auf Dauer verschwinden.
- Trinken Sie genügend (aber bitte keinen Alkohol und keine zuckerhaltigen Limonaden!). Wenn Sie abnehmen wollen, sollten Sie täglich zwischen zwei und drei Liter Flüssigkeit zu sich nehmen. Wollen Sie Ihr Gewicht lediglich halten, reichen eineinhalb bis zwei Liter pro Tag aus. Vorsicht mit Fertigtees und Kaffee!
- Wenn Sie selbst kochen: Behandeln Sie alle Nahrungsmittel schonend, also nicht zu lange lagern und nicht zu lange kochen. Andernfalls werden wichtige Nährstoffe ganz oder teilweise zerstört. Niedrige Temperaturen, wenig Wasser und kurze Kochdauer sollte die Devise sein!
- Tricksen Sie sich optisch aus: Verwenden Sie kleine Teller. Die sind auch mit wenig Speisen richtig schön voll und gaukeln so dem Auge (und damit dem Gehirn) vor: »Es gibt genug, ich werde satt!«
- Sorgen Sie für ausreichend sportliche Betätigung: drei- bis viermal pro Woche, insgesamt mindestens drei Stunden. Sport soll Spaß machen und Ihnen eine regelmäßige Selbstverständlichkeit werden. Nur Ausdauersport verbrennt auch Fett.
- Streben Sie einen Gewichtsverlust von nicht mehr als etwa zwei Kilo pro Monat an. Das macht keinen Stress und ist leicht zu erreichen. Und: Sie lernen nach und nach, Ihre Ernährung wirklich umzustellen. Das schaffen Sie bei keiner Crashdiät!

Statt einer Crashdiät sollten Sie Ihre Ernährung lieber langsam, dafür konsequent umstellen.

- Haben Sie wieder Spaß am Essen und am Genießen, ohne ängstlich nach der Kalorientabelle zu schielen! Sie dürfen im Prinzip alles genießen – wenn Sie dabei nicht über die Stränge schlagen.

Verzeichnis der Rezepte

Quellen und Literatur

- Letuwnik/Freiwald: Bodytrainer für Männer: Fit von Kopf bis Fuß. Das 10-Minuten-Programm. Hamburg 1999
- Herrmann u. a.: Power-Man. Fitness für Männer. Aachen 1998
- Zacker Lamy: Fatburner – Nahrungsmittel zum Abnehmen. München 1998
- Zacker Lamy: Essen Sie sich schlank. Schlank werden durch ausgewogene Nahrung. München 1999
- Retzlik: Low Fat. München 1999
- Schriften des AID (Auswertungs- und Informationsdienst für Ernährung, Landwirtschaft und Forsten e.V.)
- Schriften der DGE (Deutschen Gesellschaft für Ernährung)
- Helberg: Die Fit-for-Fun-Diät. Macht satt, nicht dick. Mit Genuss Pfunde dauerhaft verlieren. München 1998
- Zacker, Mutter: Die Fatburner-Diät. München 2000

Die Autorinnen
Christina Zacker und Sonja Mutter sind Autorinnen des im Midena Verlag erschienen Bestsellers »Fatburner – Nahrungsmittel zum Abnehmen«. Christina Zacker ist freiberufliche Journalistin mit langjähriger Erfahrung im Bereich Ernährung. Sonja Mutter ist diätetisch geschulte Fachkraft.

Wichtiger Hinweis
Die im Buch veröffentlichten Ratschläge wurden mit größter Sorgfalt von Verfasserinnen und Verlag erarbeitet und geprüft. Eine Garantie kann jedoch nicht übernommen werden. Ebenso ist eine Haftung der Verfasserinnen bzw. des Verlages und seiner Beauftragten für Personen-, Sach- oder Vermögensschäden ausgeschlossen.

Bildnachweis
Fotos: gettyone Stone/Chris Harvey S. 6/Joe Polillio S. 19/Davies & Starr Inc. S. 35; IFA-Bilderteam/P. Sinclair S. 2, 12; Silvia Lammertz S. 138–153; The Stock Market/Jon Feingersh S. 45; zefa/Rosenfeld S. 28.
Rezeptfotos: Gerhard Poggenpohl, Sigmarszell
Umschlagrückseite: The Stock Market/Roy McMahon

Impressum
Die Deutsche Bibliothek – CIP-Einheitsaufnahme
Ein Titeldatensatz für diese Publikation ist bei der Deutschen Bibliothek erhältlich.

Midena Verlag, München

Projektleitung: Dr. Silke Bromm
Redaktion: Annette Gillich, Duisburg / Annette Barth, München
Herstellung: Ina Hochbach
Bildredaktion: Sylvie Busche (Ltg.), Doris Huber
Umschlagkonzeption: H3A GmbH, München
Satz und Reproduktion: Filmsatz Schröter, München
Printed in Germany

ISBN 3-310-00699-9